まだ早い!?　いまから始めよう
セカンドライフお悩み相談室

家族や友人、みんなで老後を考える
41のヒント

明治安田生活福祉研究所 編

きんざい

〈本書の留意事項〉

① 原則として2015年11月1日現在の法令・税制等に基づいて記載しています。今後、法令・税制等は変更となる可能性があります。

② わかりやすさを優先したために、一部省略・簡略化した表現を用いています。

③ 個別具体的な法令・税制等の適用については、弁護士・公認会計士・税理士・社会保険労務士などの専門家にご相談ください。

④ 本書に収録されている事例の登場人物は、すべて仮名で、実例を参考にしながら新たに創作したものであり、実際のものとは異なります。

⑤ 意見にあたる部分は執筆者個人の見解であり、明治安田生活福祉研究所を代表するものではありません。

⑥ 一般的な知識を説明したものであり、特定の商品などの勧誘を目的とするものではありません。

刊行にあたって

　世界有数の長寿国である日本。2014年の女性の平均寿命（０歳児の平均余命）は世界一で86.83歳、男性は世界第３位の80.50歳です。

　同じ年に生まれた女性の半数は89～90歳まで長生きし、「人生90年時代」といわれています。2015年９月現在での100歳以上の人数は、女性は53,728人、男性は7,840人です。

　長い老後生活が「セカンドライフ」といわれて久しくなりました。女性のセカンドライフは、結婚をしていない人はもとより、結婚していても夫に先立たれた後、ひとりで生活をしていく期間が長くなります。

　また、両親の介護、結婚をしていれば義理の両親、そして夫の介護に直面する女性も多いでしょう。介護の担い手としての期待が強いこともあり、介護は女性にとって大きな課題です。

　さらに、自らの長いセカンドライフ期間の健康維持、医療対応、そして介護を含めた終末期の対応と、これからのセカンドライフには避けては通れないいろいろな大きな課題が待ち受けています。

　そのため、これからのセカンドライフについてのさまざまな知識を学び、来るべき時期の生活設計を展望したうえで、しっかり準備を進める必要があります。そして「老い」に対する「理解」と「覚悟」を育てていかなければなりません。

　セカンドライフ期間は、公的年金、健康保険あるいは介護保険などの社会保障との関わりが深くなっていきますが、高齢者人口の増加や財政再建の要請などにより、社会保障給付の拡充は期待できない状況となっています。これからはますます自助努力による準備が必要となります。早いうち

から賢く老後に備えることが大切です。そういう年齢になってからあわてても取り返しはつきませんし、周りの人たちも自分のことで精いっぱいで、簡単に援助もしていただけないでしょう。自らの人生の結実期に、これまでの人生にふさわしい日々を送れるかは、みなさん自身の選択にかかっていることを深く認識する必要があります。

　巷間、「定年本」のごとく、定年を迎える男性向けの書籍は多く出版されています。

　しかし、老後生活の期間は女性のほうが長く、家庭の担い手としての役割の高さからも、女性がもっと老後生活について学ぶ必要があります。

　本書は、生命保険会社のシンクタンクである明治安田生活福祉研究所の長年にわたる研究データをもとに、老後生活に向けて、女性のみなさんにぜひ学んでいただきたい事柄をわかりやすく解説しています。セカンドライフの生活設計を考えるための基礎資料としていただければ幸いです。

　長いセカンドライフを人生の収穫期にふさわしい実り多い時期とするために、しっかりとお考えを進めていただくことを願っています。

2015年12月

株式会社明治安田生活福祉研究所
代表取締役社長 兼 研究所長

前田　茂博

登場人物のプロフィールと
オススメQの紹介

セカンドライフって何が待っているのかしら？

陽子

専業主婦

40歳をすぎて、そろそろ自分のセカンドライフのお金が気になり始めた。
最近、同窓会で親の介護のことが話題に。おりしも義理の父が倒れて介護が必要になった。実母は地方の実家でひとり暮らしなのでやっぱり介護が心配に。

わたしのオススメQ&A
・セカンドライフのデザイン(Q1)
・セカンドライフへの貯え(Q3)
・準備しておくべき老後生活資金(Q6)
・夫死亡後の妻の生活資金の確保(Q7)
・公的年金のライフコース別受取額(Q12)
・介護保険の被保険者、申請手続き(Q23)
・介護の期間、原因、1日の介護時間(Q25)
・介護を受ける場所、介護の担い手(Q26)
・介護者と要介護者(Q38)

家庭と仕事の両立は大変！でも充実しているわ。
二人でしっかり稼いで、しっかり貯めて、
リッチで快適なセカンドライフを目指すわ！

智子

共働きの会社員
陽子の妹

夫婦ともにフルタイムで働く会社員なので、あまり老後のお金については心配していなかった。しかし、姉の陽子と話すうちに老後のすごし方に興味を持つ。少し早いが、今から計画的に準備をすれば、優雅なセカンドライフも夢じゃない!?

わたしのオススメQ&A
・60代の仕事、家計(Q4)
・準備しておくべき老後生活資金(Q6)
・公的年金のライフコース別受取額(Q12)
・企業年金(Q13)
・厚生年金基金(Q15)
・民間介護保険の特徴(Q32)

> 自分の老後が単身生活になった場合のことや、同居の親の介護とか、実は少し心配なの

真由美

独身会社員
陽子の親友

仕事一筋のバリキャリ。
一生、おひとりさまでもよい？
陽子とは異なるライフプランを描いてきたが、なぜかとても気が合い、情報交換や悩み相談は頻繁に。実家で両親と同居しているが、父が介護生活に入りそう。
介護と仕事の両立ができるか不安。

わたしのオススメQ&A
- 準備しておくべき老後生活資金（Q6）
- 独身女性の生活設計（Q8）
- 年金額を増やす方法（Q11）
- 公的年金のライフコース別受取額（Q12）
- 介護費と医療費が高額な場合（Q21）
- 地域包括ケアシステムってなに？（Q22）
- 介護離職と年収・預金との関係（Q36）
- 近居のススメ、介護の担い手（Q37）
- 介護の不安（Q39）

> お店はとっても順調！でも年金とか老後が心配…自分の老後もしっかり考えて準備しなきゃね！

直美

自営業の主婦

夫とパン屋さんを営んでいる。
ここの甘いクロワッサンは陽子のお気に入りでよく利用している。お店は成功していて、もうすぐ2号店を出せそう！
でも、このままでは将来受け取れる年金が少ないことに最近気がつき、どうしたらよいかと思案中。

わたしのオススメQ&A
- 準備しておくべき老後生活資金（Q6）
- 公的年金のライフコース別受取額（Q12）
- 国民年金基金（Q14）
- 介護費用の現状（Q31）
- 家族・親族との話し合いは大切（Q41）

CONTENTS

はじめに ･････････････････････････････････････ 01
人口の減少と少子高齢化
ライフスタイルの常識が変わる

くらし編

セカンドライフに向けての40・50代の意識と準備

Q01 セカンドライフのデザイン ････････････････ 08
- はじめに
- 40・50代の老後のライフデザインについて見てみましょう
- もっと将来についての話し合いを！

Q02 セカンドライフの住まい方 ･･････････････ 14
- 将来の住まいに関する希望は？
- セカンドライフの住まいは持家？それとも賃貸？
- セカンドライフの住まいは大都会？それとも田舎？

Q03 セカンドライフへの貯え ･･････････････････ 19
- 40代の半数以上が何らかの形で準備を始めている!?
- 65歳までに2,800万円くらいあれば安心
- 年金や退職金がいくらもらえるか知っておこう

Q04 60代の仕事、家計 ････････････････････････ 25
- 60代の女性は約38％が仕事をしている
- 60代世帯で「病気やケガに対する備えは十分だと思う」が6割弱、「介護が必要になった場合への備えは十分だと思う」が4割弱
- 40・50・60代とも約半数が将来に備えて節約中
- 子どもへの援助や子どもからの援助に関する意識

Q05 60代の生きがい、生活の満足度 ････････････ 31
- 健康の状況や生きがいは？
- 人や社会との関わりを持つことで老後生活の満足度が高まる！
- 家族・将来・社会に対する意識は？

CONTENTS

生活資金の見積もりをしましょう

Q06 準備しておくべき老後生活資金 ・・・・・・・・・・・・・・・ 38
- 老後の支出ってどのくらい？
- 老後の公的年金による収入ってどのくらい？
- 老後のために準備が必要な資金ってどのくらい？
- 収入と支出、ほかにはどんなものがあるの？

Q07 夫死亡後の妻の生活資金の確保 ・・・・・・・・・・・・・・ 44
- 平均寿命が90歳を超える日も遠くない!? セカンドライフの期間とは？
- 死亡保険に対する見方を変えましょう
- どれくらい用意しておけば安心？

Q08 独身女性の生活設計 ・・・・・・・・・・・・・・・・・・・・・・・ 48
- 20年後、女性の5人のうち1人は生涯未婚に
- 独身女性の貯蓄はどのくらい？
- 独身女性の収入と支出、消費生活の実態は？

公的年金制度の仕組みを知りましょう

Q09 公的年金制度の仕組み ・・・・・・・・・・・・・・・・・・・・・ 52
- 老後の収入にはどんなものがあるの？
- 公的年金の種類にはどんなものがあるの？
- 公的年金の保険料は働き方で違うの？
- もらえる年金にはどんなものがあるの？
- 公的年金制度の最近の動向は？

Q10 ねんきん定期便、離婚時の分割 ・・・・・・・・・・・・・ 60
- 「ねんきん定期便」ってなに？
- 「ねんきん定期便」って年齢によって中身が違うの？
- 「ねんきん定期便」の見方のポイントは？
- 離婚した場合、年金を分割できるの？

Q11 年金額を増やす方法 ・・・・・・・・・・・・・・・・・・・・・・・ 66
- 公的年金が減るっていうけど、どういうこと？
- 年金の受取開始年齢を遅くして年金額を増やす方法って？
- 60歳以降も働いて全体の収入を増やす方法って？
- 付加年金を利用して年金額を上乗せする

Q12 公的年金のライフコース別受取額 ・・・・・・・・・・・・・・ 71
- ケース①　〜夫が会社員、妻が専業主婦の場合〜
- ケース②　〜夫婦ともに会社員の場合〜
- ケース③　〜夫婦ともに自営業の場合〜
- ケース④　〜独身の女性会社員の場合〜
- ケース別のまとめ

公的年金以外でセカンドライフの家計収入を補う方法について知っておきましょう

Q13 企業年金 ・・・・・・・・・・・・・・・・・・・・・・・・・・・・・・・ 78
- 企業年金ってどのようなもの？
- 企業年金の活用のポイントは？

Q14 国民年金基金 ・・・・・・・・・・・・・・・・・・・・・・・・・・・・ 82
- 自営業者が年金額を増やす方法は？
- 国民年金基金

Q15 厚生年金基金 ・・・・・・・・・・・・・・・・・・・・・・・・・・・・ 86
- 厚生年金基金ってなに？
- 厚生年金基金をめぐる状況

Q16 個人型の確定拠出年金 ・・・・・・・・・・・・・・・・・・・・ 89
- 専業主婦も個人型確定拠出年金を利用できるようになる
- 女性が個人型確定拠出年金を検討・活用するに際してのポイント

セカンドライフのための生命保険の活用方法を知りましょう

Q17 生命保険の活かし方 ・・・・・・・・・・・・・・・・・・・・・・ 93
- 老後にはどんなお金がかかるのかな？
- 老後の生活資金の備えに個人年金保険はどうかしら？
- 受け取れる期間はどれくらいが望ましいの？
- 病気のリスクへの備えも忘れずに！

相続税制改正のポイントや課税の対象などを確認しておきましょう

Q18 相続について ・・・・・・・・・・・・・・・・・・・・・ 99

- 相続時のもめ事はお金持ちしか関係ない？「争族」の現状を見てみよう
- どれくらいお金があると相続税の課税対象になるの？

医療編

病気やケガへの備えについて考えてみましょう

Q19 セカンドライフの健康保険制度 ・・・・・・・・・・・・・ 102

- 退職前の会社の健康保険に引き続き加入する（任意継続被保険者）
- 国民健康保険に加入する
- 家族の健康保険の被扶養者になる
- 特定健康保険組合の特例退職被保険者になる

Q20 高額療養費制度を使うには ・・・・・・・・・・・・・・ 105

- 老後は、窓口での自己負担はどうなるの？
- 医療費が高額で払えそうにないとき、どうすればいいの？

Q21 介護費と医療費が高額な場合 ・・・・・・・・・・・・・ 108

- 介護費用が高額になってしまったときは？
- 医療費と介護費用の合計負担が高額になったときは？

介護編

地域包括ケアシステムと公的介護保険の仕組みについて知りましょう

Q22 地域包括ケアシステムってなに？ ・・・・・・・・・・・ 110

- 地域包括ケアシステムってなんですか？
- これからの医療と介護の方向

Q23 介護保険の被保険者、申請手続き ・・・・・・・・・・・・・・・・ 113
🌱介護保険ってなに？
🌱介護サービスを受けるには？

Q24 介護保険制度の直面する課題 ・・・・・・・・・・・・・・・・・・・・ 120
🌱高齢化はますます深刻に
🌱都市部で急速な高齢化、入院・介護需要が急増

介護生活の実態について知りましょう

Q25 介護の期間、原因、1日の介護時間 ・・・・・・・・・・・ 123
🌱寿命が延びても、健康でいられる期間が延びるとは限りません
🌱高齢になるほど、介護はとても身近に
🌱介護は突然に
🌱1日の介護時間は、どのくらい？

Q26 介護を受ける場所、介護の担い手 ・・・・・・・・・・・・・・ 129
🌱どこで介護を受けたい？
🌱在宅介護の割合は？
🌱在宅介護のメリットとデメリットは？
🌱介護をしているのはだれ？

Q27 家族形態の変化と介護 ・・・・・・・・・・・・・・・・・・・・・・・・・・・・ 134
🌱家族の変化が高齢者介護に及ぼす影響

自宅での介護生活について知りましょう

Q28 自宅で利用できる介護サービス ・・・・・・・・・・・・・・・・・ 138
🌱「居宅サービス」ってなんですか？
🌱介護環境を整えるサービス
🌱地域密着型サービスってなに？

CONTENTS

―――― 自宅以外の施設を利用した介護生活について知りましょう

Q29 通所サービスの利用 ・・・・・・・・・・・・・・・・・・・・・・・・・ 145
- 「施設に出かける」ことで受けられる主な介護サービス

Q30 高齢者施設の種類 ・・・・・・・・・・・・・・・・・・・・・・・・・・・ 148
- 入居して受ける施設サービスにはどのようなものがありますか？

―――― 介護が必要になった場合の費用について知りましょう

Q31 介護費用の現状 ・・・・・・・・・・・・・・・・・・・・・・・・・・・・・ 153
- 実際に介護にかかる費用は？
- 毎月いくらくらいかかるの？
- 介護のためのリフォームってどれくらいかかるの？

―――― 民間保険会社の介護保険について知りましょう

Q32 民間介護保険の特徴 ・・・・・・・・・・・・・・・・・・・・・・・・・ 158
- 公的介護保険と民間介護保険の違いってなに？

Q33 民間介護保険の保険金・給付金について ・・・・・・・・・・ 162
- どのような場合に保険金・給付金がもらえるの？
- 民間介護保険を活用するために

―――― 仕事と介護の両立の実態

Q34 仕事と介護の両立と介護離職 ・・・・・・・・・・・・・・・・・・ 166
- 仕事しながら介護できるの？
- 介護による離職・転職のきっかけ
- 介護転職の厳しい現実 ― 平均年収が男性で4割減、女性で5割減

Q35 介護時間 ･････････････････････････ 172
- 1日の介護時間は？
- 認知症の介護時間はどれくらい？

Q36 介護離職と年収・預金との関係 ･･････････ 175
- 男性は年収が高いと仕事をやめない!?
- 預金が多いと仕事をやめやすい!?

Q37 近居のススメ、介護の担い手 ････････････ 178
- 同居は介護離職になりやすい？
- 遠距離介護も介護離職になりやすい？
- 近居のススメ
- 男性が仕事を続けられるのは妻のおかげ

介護生活における不安と苦労

Q38 介護者と要介護者 ････････････････････ 182
- 将来、自分が介護する人って？
- 将来、だれが自分を介護してくれるの？
- 自分を介護してくれる人がいない!?

Q39 介護の不安 ･･････････････････････････ 186
- 将来、介護する場合の不安は？
- 将来、介護する場合の不安って、具体的になに？
- 将来、介護される場合の不安は？
- 将来、自分が介護される場合の具体的な不安の内容

Q40 介護費用への備え ････････････････････ 193
- 介護費用への備えが大切！
- 半数以上の人は介護費用を準備していない!?

Q41 家族・親族との話し合いは大切 ･･･････････ 196

はじめに

日本の少子高齢化の実態とライフスタイルの変化について見てみます。

① 人口の減少と少子高齢化

（1）総人口の推移と高齢者率

　日本の総人口は、1967年に1億人を超えて以降も増加し続けました。しかし、2008年の1億2,808万人をピークに減少に転じ、2015年3月の人口は1億2,691万人となっています。今後はさらに減少し、2048年には1億人を割り込むと予想されています。

　年代別に見ていくと、「15歳未満」の人口は、少子化の進展により減少傾向にあり、2020年代前半には1,500万人を切ってしまいます。

　「15歳以上65歳未満」の「生産年齢人口」の減少は特に著しく、経済の縮小や税収の減少など大きな問題が生じることが懸念されています。

　「65歳以上」の高齢者人口は、今後25年程度は増加傾向です。2040年代から次第にその数は減少していくものの、現在、4人に1人の高齢者が、2060年には5人に2人になる見込みです〔図表1〕。

　高齢者数・高齢者占率の増加により、国の歳出のなかで最も大きな割合を占める社会保障費がさらに増大していくことは確実です。財政再建の要請もあり、社会保障給付の拡充は望めない状況です。

　豊かなセカンドライフを送るためには、いっそうの自助努力が必要となっています。

（2）世界有数の長寿を生きる日本人

　2014年の日本人の平均寿命は、女性が世界一で86.83歳、男性が第3位で80.50歳です。

　平均余命とは、その年齢の人が平均してあと何年生きるかということです。60歳の人を見ると、女性は28.7年、男性は23.4年ですから、女性は88.7

歳まで、男性は83.4歳まで生きるということです。特に女性については、人生90年時代の到来といえます〔図表2〕。

図表1　人口の動き（過去から将来予測まで）

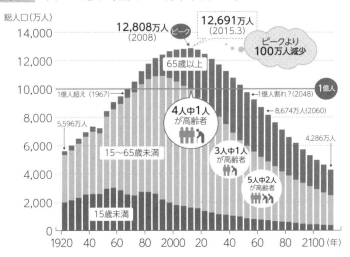

出典：国立社会保障・人口問題研究所「日本の将来推計人口」をもとに作成

図表2　年齢別の平均余命

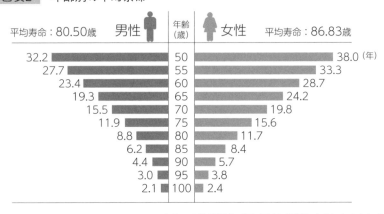

出典：厚生労働省「平成26年簡易生命表」をもとに作成

(3) 減り続ける子ども

　出生数は、第1次ベビーブームでは年間270万人、第2次ベビーブームでは200万人でしたが、年々減少し2014年の出生数は100.4万人でした。

　合計特殊出生率とは、1人の女性が一生の間に産む子どもの数です。最近10年間は徐々に上昇傾向でしたが、2014年には9年ぶりに下がり1.42人となりました。人口を維持するための水準は2.07人ですから、人口は減少し続けています〔図表3〕。

　しかし、既婚の若い世代の人たちが希望する子どもの数は、東日本大震災以来増加傾向にあり、現在は2.35人(注)で、実際の世帯の子どもの数よりも高く、出生数の増加を期待できるかもしれません。希望した人数の子どもを出産し育てることができる環境整備が求められていますが、なかでも非正規雇用の増加などによって若い世代の収入が低くなっていることなどの問題の解決と合わせて、保育所の待機児童問題の解決、出産・育児にかかる費用や教育費を軽減できるような社会全体での取り組みが必要です。

(注) 明治安田生活福祉研究所「第8回結婚・出産に関する調査」

■ 図表3　「出生数」と「合計特殊出生率」（戦後から今まで）

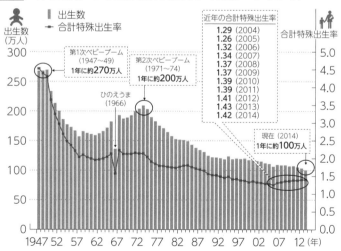

出典：厚生労働省「人口動態統計」をもとに作成

② ライフスタイルの常識が変わる

(1) 20年後、女性の5人のうち1人は生涯未婚に

「生涯未婚率」とは、50歳時点で一度も結婚したことがない人の割合です。男性の未婚率が著しく増加しています。現在、女性の未婚率は男性の未婚率の半分程度の10%ですが、20年後には、5人のうち1人が生涯未婚になる可能性があります〔図表4〕。

これらの背景は、個人の人生観の変化が主な原因ですが、若い人たちに結婚願望が乏しいというわけではなく、交際経験の減少や、収入が低いこと、キャリア志向の女性が増加したことなどが挙げられています。

未婚率の増加は、将来、独居高齢者数の増加につながっていきます。

図表4　生涯未婚率の推移

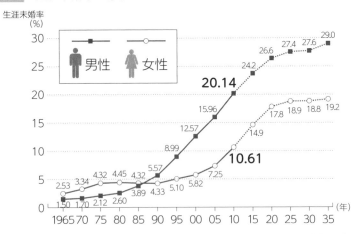

出典：2010年までの生涯未婚率は、国立社会保障・人口問題研究所「人口統計資料集（2015年版）」から引用。2015年以降の生涯未婚率は、同研究所「日本の世帯数の将来推計(全国推計)(2013年1月)」をもとに45〜49歳と50〜54歳の未婚率の平均値として算出

(2) 3組に1組は離婚！

結婚件数は、1970年代をピークにおおむね減少傾向が続いており、2014年には64万件と1972年の約6割まで減少しています。

離婚件数は、2002年の29万件をピークに減少傾向にあるとはいえ、2014年は22万件と1970年の2倍以上となっています〔図表5〕。
　単純にいえば、結婚した3組のうちの1組が離婚しています。

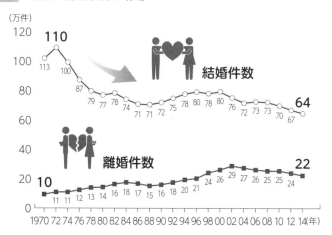

図表5　結婚・離婚組数の推移

出典：厚生労働省「平成26年 人口動態統計（確定数）」をもとに作成

（3）高齢者夫婦のみ世帯、高齢者単独世帯の増加

　高齢者数の増加とともに、「高齢者夫婦のみ世帯」と「高齢者単独世帯」の数も増加しています。高齢者夫婦のみ世帯と高齢者単独世帯の合計が、高齢者を含む世帯全体の7割近くを占めており、今後も増加傾向が続く見込みです〔図表6〕。

　これは、核家族化の進行、都市への人口集中などが原因です。

　日常生活支援の必要性が高まっていることに加えて、老人が老人を介護する「老老介護」、認知症夫婦による「認認介護」、あるいは「孤立死」「孤独死」等が問題となっています。さらに、今後は大都市とその周辺部で高齢者数が著しく増加することが予測されており、その対策も急務となっています。

■ 図表6　世帯主が65歳以上の単独世帯および夫婦のみ世帯数等の推計

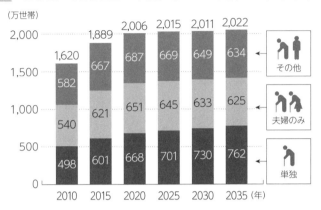

出典：第54回社会保障審議会介護保険部会資料をもとに作成

（4）親の家が空き家に

　総人口の減少、都市部への人口集中などにより、空き家率が増加し、空き家対策が課題となっています。

　現在の空き家率は13.5％（2013年10月現在）で、今後も上昇することが予測されています。

　親の家に子どもが住まなくなり、親が亡き後、あるいは老人ホームへ転居後などに空き家となり、買い手や借り手を募集しないで放置されているものは「その他住宅」に分類され、全体のうちの38.8％も占めています〔図表7〕。

　「その他住宅」数の増加率は、2003年～2008年、2008年～2013年のいずれの期間においても、空き家全体の増加率よりも高い結果となっています〔図表8〕。

　このように人口減少等の影響で空き家は増える一方です。また、相続をしたものの売却できず、更地にするとかえって固定資産税額が増えることもあり、家屋を解体せず放置して、近隣からの苦情が寄せられるなどのトラブルも発生しています。

■ 図表7　空き家の内訳

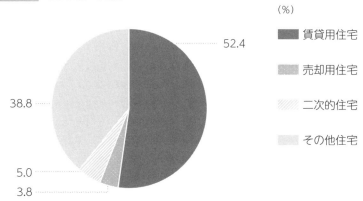

出典：総務省「平成25年、平成20年住宅・土地統計調査」をもとに作成

■ 図表8　最近10年間における「その他住宅」の増加率

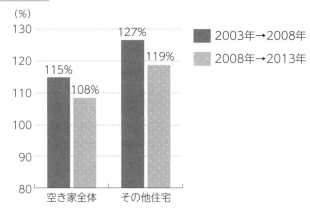

出典：総務省「平成25年、平成20年住宅・土地統計調査」をもとに作成

　セカンドライフを考えるうえで、自分の生活の場として不動産は大切な資産ですし、将来有料老人ホームに住み替える場合には不動産の売却資金がその入居資金となる場合もあるでしょう。将来、親の不動産相続が想定されるならばその対応を考えておく必要があります。

　セカンドライフを計画する場合に、不動産の将来の可能性について想定しておくことは大切です。

 # 1 セカンドライフのデザイン

老後は余裕のある生活をしたいけど、同世代のみなさんは、老後のためのライフデザイン（生活設計）をどのようにイメージしているのかしら。

 はじめに

「わたしは若いから、セカンドライフについて悩むのはまだ早いわ」と他人事のようにすませていませんか？

「まだ早い」時期から少しずつ準備をするからこそ、間に合うのです。

それでは、女性のセカンドライフにおいて、理想的なライフデザイン（生活設計）を考えるうえで、どこがポイントで、どのような準備が必要なのでしょうか。

まず、Q1～Q5で明治安田生活福祉研究所が2015年3月に実施した「セカンドライフの生活設計」に関するアンケート調査などから、全国の40・50代の人たちが考えている老後のライフデザインやセカンドライフに向けた準備状況、また実際にセカンドライフを迎えた60代の人たちの生活実態や意識などを見てみましょう。

 40・50代の老後のライフデザインについて見てみましょう

① 40・50代女性の9割が「老後のための資金準備は重要」と認識

40・50代女性が、老後のために"重要"と考えていることは、「自分や家族の健康」が第1位です。以降「円満な家庭」「子どもの進学・就職・結婚」「老後のための資金準備」がそれほど差がなく並び、「老後のための資金準備」は、40・50代女性の9割弱が"重要"と回答しています。

セカンドライフに向けての40・50代の意識と準備

40・50代の男性が"重要"と考える項目の順位も女性と同じような傾向ですが、ほぼすべての項目で、女性のほうが"重要"と考える割合が高くなっています。特に、「老後のための資金準備」と「家族や親の介護」が女性のほうが男性よりも、40代で約10ポイント、50代で約6.5ポイントも高く、関心の違いがわかります〔図表1〕。

図表1　老後のために「重要」と思う割合（40・50代男女：上位7項目）(%)

	40代女性		50代女性		40代男性		50代男性	
自分や家族の健康	95.1	①	97.3	①	90.9	①	91.6	①
円満な家庭	89.0	③	90.2	②	83.7	③	84.4	②
子どもの進学・就職・結婚	89.7	②	85.0	④	88.6	②	82.9	③
老後のための資金準備	87.8	④	88.3	③	77.2	⑤	81.7	④
収入の増加	83.4	⑤	75.6	⑤	78.1	④	70.4	⑥
趣味やレジャー	76.4	⑥	74.6	⑥	75.0	⑥	72.3	⑤
家族や親の介護	63.6	⑦	63.8	⑦	54.4	⑦	57.5	⑦

出典：明治安田生活福祉研究所「セカンドライフの生活設計に関する調査」

② もっと早く老後の資金準備をしておけばよかった！

60代女性に50歳前後の頃にもっと考えて取り組んでおけばよかったと思うことをたずねたところ、「老後のための資金準備」が38.8％でトップでした。「自分や家族の健康」「収入の増加」「円満な家庭」などを大きく上回っています〔図表2〕。

図表2　50歳前後にもっと大切にしたり取り組んでおけばよかったこと（60代女性：複数回答）(%)

項目	割合	項目	割合
①老後のための資金準備	38.8	④円満な家庭	21.9
②自分や家族の健康	29.5	⑤趣味やレジャー	20.3
③収入の増加	26.6	⑥子どもの進学・就職・結婚	20.1

出典：明治安田生活福祉研究所「セカンドライフの生活設計に関する調査」

子どもがいる場合、40・50代は子どもに優先的にお金を使ってきたことでしょう。しかし、子どもたちが独立する60代になると、お金の面も含め直面する自分たちのセカンドライフへの心配が前面に出てきます。

　60代になって50代を振り返ると、子育て中でも、もっと自分たちのセカンドライフのための資金準備を計画的にしておけばよかったという思いがあるようです。

　老後の資金準備は、早い時期から計画的に進めることが大切です。

もっと将来についての話し合いを！

① 40・50代女性のうち、配偶者や子どもと将来のライフイベントや収支の計画などについて話し合う割合は4割程度

　40・50代の女性が「配偶者や子どもと将来のライフイベント（子どもの就職・自分たちの介護など、人生における主要な出来事）や収入・支出の計画などについて話し合いをしているか」については、「よくしている」が40・50代とも7.2％で、「まあしている」を含めても4割強でした。

　また、40・50代男性の場合も4割前後にとどまっています〔図表3〕。

　40・50代では、老後生活について、まだ具体的なイメージが薄いので、"先の話"と判断している人も多いことがうかがわれます。

　セカンドライフの生活設計では、夫、妻、子どもの立場でそれぞれの思いを共有することが大切です。もっと家族で話し合う必要がありそうです。

■ 図表3　配偶者や子どもと将来のライフイベントや収入支出計画等について話し合いをしているか

	話し合いをしている	（うち、よくしている）	（うち、まあしている）
40代女性	43.5%	7.2%	36.3%
50代女性	44.3%	7.2%	37.1%
40代男性	43.3%	5.6%	37.7%
50代男性	38.3%	4.9%	33.4%

出典：明治安田生活福祉研究所「セカンドライフの生活設計に関する調査」

② 退職したらやりたいことって？

　40・50代女性が、セカンドライフで取り組みたいと考えていることは何でしょうか。複数回答では、40・50代とも①健康の維持・増進、②趣味を持つこと、③友人や仲間との交流、④趣味やスポーツのレベルアップ、⑤夫婦の対話の順でした。楽しいセカンドライフには、健康、趣味、友人、夫婦の対話が大切と考えられているようです。

　男女間で注目すべきことは、男性は「友人や仲間との交流」より「夫婦の対話」の順位が上ですが、女性は「友人や仲間との交流」が上位となっています。男性は、セカンドライフで妻との対話を大切にしていきたいと考えているのに対し、女性は夫より友人や仲間との交流を大切にしたいと考えているようです〔図表4〕。

図表4　セカンドライフで特に取り組みたいこと（複数回答：40・50代男女）　　　　　　　　　(%)

項目	40代女性	50代女性	40代男性	50代男性
健康の維持・増進	62.5①	69.2	55.4①	60.5
趣味を持つこと	59.5②	58.9	49.7②	46.7
友人や仲間との交流	43.3③	42.1	27.0⑤	27.1
趣味やスポーツのレベルアップ	32.1④	32.2	39.3③	37.4
夫婦の対話	24.7⑤	23.3	30.2④	30.8
家事などのスキルアップ	15.2	12.0	15.1	12.7
子どもとの対話	14.9	14.7	17.4	16.2
地域などの活動	13.2	13.1	14.9	15.7

出典：明治安田生活福祉研究所「セカンドライフの生活設計に関する調査」

③ 40・50代女性が不安を感じていること

40・50代女性は、現在や将来の生活に関して、どんなことに不安を感じているのでしょうか。

40代の女性では「医療費用や介護費用がかさむこと」「老後生活が経済的に厳しくなること」「親の介護が必要になること」と続きます。50代女性では「医療費用や介護費用がかさむこと」「自分の介護が必要になること」「配偶者の介護が必要になること」と続きます。

40代と異なり、50代になると心配な介護の対象も親から自分たち自身へと移ります。自分や友人の家庭で親の介護生活が現実に始まったり、介護に関する話を耳にする機会も増え、自分たちの介護への不安が高まるのでしょう。50代女性のうちの約85％が夫の介護を自分が何らかの形で担わなければならないと不安を感じています。そして、同様に約85％が「おそらく長生きする自分の介護をどうしようか」という不安も感じています。

40・50代の男性では、「医療費用や介護費用がかさむこと」「老後生活が経済的に厳しくなること」「思うように資産形成ができないこと」など、経済的な準備に関する不安が上位を占め、介護に関する不安を感じる割合は女性に比べて少なくなっています〔図表5〕。

図表5　各項目について「非常に不安」「やや不安」と思う割合　(%)

項　目	40代女性	50代女性	40代男性	50代男性
医療費用や介護費用がかさむこと	90.8①	89.0①	82.3②	81.7①
老後生活(65歳以降)が経済的に厳しくなること	88.1②	80.4④	84.3①	80.1②
親(配偶者の親を含む)の介護が必要になること	84.3③	78.0⑤	78.5④	74.9⑤
思うように資産形成ができないこと	83.8④	74.8⑥	80.1③	76.0④
自分の介護が必要になること	83.4⑤	84.9②	75.5⑤	76.0③
配偶者の介護が必要になること	81.8⑥	84.7③	72.8⑥	72.0⑥
自分の死亡で家族に負担がかかること	56.0⑦	47.7⑦	62.6⑦	53.6⑦

出典：明治安田生活福祉研究所「セカンドライフの生活設計に関する調査」

セカンドライフに向けての40・50代の意識と準備

くらし

　40・50代女性の約9割が「老後のための資金準備」は重要と考えており、また、60代女性の4割弱が「もっと老後のための資金準備をしておけばよかった」と考えています。
　40・50代女性が現在や将来に不安を感じることの上位は、「医療・介護費用」「介護」「老後の生活」であることから、セカンドライフを考えるうえで、老後に向けての経済的な準備や介護の備えがいかに大切かということがうかがえます。計画的に準備しておくことがポイントです。

2 セカンドライフの住まい方

女性は将来の住まい方について、どう考えているのかしら。

将来の住まいに関する希望は？

① **40代女性は、子どもとの同居や二世帯住宅がイヤ!?**

40代女性の7割弱（67.3％）、50・60代女性の6割は、子どもと「同居・二世帯住宅ともするつもりはない」と考えています。それ以外の3～4割が、将来、子どもとの同居や二世帯住宅を希望しています。

40～60代の男性の場合は、約4割が子どもとの同居や二世帯住宅を望んでいます。

 図表1 子どもとの同居についてどう考えていますか（40～60代男女）　（％）

	同居・二世帯住宅ともするつもりはない	夫婦で息子と同居したい	夫婦で娘と同居したい	夫婦で息子と二世帯住宅に住みたい	夫婦で娘と二世帯住宅に住みたい	1人になったら息子と同居したい	1人になったら娘と同居したい	1人になったら息子と二世帯住宅に住みたい	1人になったら娘と二世帯住宅に住みたい
40代女性	67.3	2.9	4.7	4.7	5.0	2.3	5.8	1.9	2.8
50代女性	60.8	2.7	3.7	5.7	5.0	2.4	7.2	2.7	5.9
60代女性	61.5	3.6	3.2	5.5	4.2	3.1	8.3	2.2	4.9
40代男性	59.2	10.5	5.9	10.7	5.8	1.9	1.6	1.3	0.7
50代男性	61.6	8.0	5.7	10.8	5.4	1.5	1.7	1.4	0.9
60代男性	62.7	7.1	4.9	7.5	5.5	2.1	3.0	2.1	1.8

（男女とも6割以上は同居・二世帯住宅に住みたくない）

出典：明治安田生活福祉研究所「セカンドライフの生活設計に関する調査」

セカンドライフに向けての40・50代の意識と準備

男性は夫婦でいるうちは息子や娘との同居・二世帯住宅を希望する傾向が女性よりも高くなっています。また、女性はひとりになった場合に「娘と同居もしくは二世帯住宅に住みたい」という希望がやや高い傾向が見られます〔図表1〕。

いずれにしても、子どもとの同居・二世帯住宅に関しては、相手（子ども夫婦等）がいることですし、経済的な準備も必要になってくるでしょう。将来の住まいは、夫婦だけでなく子どもも交えて早いうちに相談をしておくことが必要です。

② 介護が必要になったら、男性は「自宅」、女性は「施設」がいい⁉

自分の介護が必要になった場合の住まい方の希望はどうでしょうか。

男性は「自宅」志向が強く（配偶者が元気な場合は5割強が自宅を希望）、女性は男性よりも「有料老人ホームやサービス付高齢者向け住宅」「介護施設」を希望する割合が高くなっています〔図表2〕。

● 図表2　自分の介護が必要な状態になった場合の住まい方の希望
（40～60代の男女） (%)

ケース	性別	自宅に住みたい	有料老人ホームやサービス付高齢者向け住宅	介護施設	その他	わからない
配偶者が元気で自分が介護の必要な状態	男性	54.4	21.2	7.6	5.8	11.0
	女性	37.6	29.9	14.1	5.8	12.7
配偶者などの介護者をあてにできず、自分1人での介護が必要な状態	男性	35.8	25.0	16.3	7.0	15.8
	女性	21.1	33.3	24.1	6.7	14.7

出典：明治安田生活福祉研究所「セカンドライフの生活設計に関する調査」

セカンドライフの住まいは持家？ それとも賃貸？

① 住宅ローンさえ完済していれば安心？

　子どもとの同居や二世帯住宅にするつもりはなく、自宅に住み続けたいと考えている人が多いようですが、みなさんはセカンドライフの住まいは持家か、それとも賃貸か、どちらを選択しますか？
　現在、賃貸住宅に住む人なら、セカンドライフも継続して賃貸住宅に住むと考える人もいれば、夫やあなた自身の仕事の定年を視野に夫婦で暮らせるちょうどよいサイズの住宅の購入を検討している人もいるでしょう。
　老後は持家があったほうが安心とよく聞きますが、これはセカンドライフのスタート時点で住宅ローンさえ完済していれば住居費が毎月かからないですみ、収入が乏しくなるセカンドライフの生活設計がしやすいということです。公的年金が収入の中心になるセカンドライフの場合、毎月の住居費の存在は大きいといえます。
　また、近年、高齢者向け賃貸住宅への住替えが増えてきていますが、一般に高齢での住替えはむずかしくなりがちです。賃貸住宅に継続して住むのなら、長いセカンドライフ期間を想定し、長期的視点での物件選びが必要です。

② 60代以上では8割超が持家

　実際の持家比率を見ると、自分自身による購入と相続・贈与による場合との合計で、50代は76.5％ですが、60代で84.1％、70代で86.7％と60代以上では約85％が持家です。このうち、60代以上では4〜5人に1人が相続または贈与を受けた持家の所有者です〔図表3〕。
　なお、人生90年時代の女性が自宅に住み続ける場合には、自宅内での事故を防止するためにバリアフリー化することを想定してください。自宅内での事故防止とは、階段での転倒防止用の手すりの設置、部屋の敷居やわずかな段差での転倒防止のための段差の解消、浴室内外の気温差が引き金となる心疾患や脳梗塞を予防する温度調整機器の設置などです。

セカンドライフに向けての40・50代の意識と準備

●図表3　セカンドライフの住まい

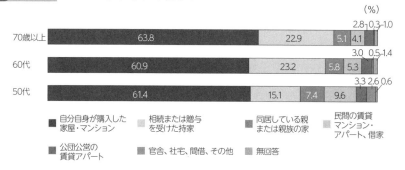

出典：金融広報中央委員会「平成26年 家計の金融行動に関する世論調査（二人以上世帯調査）」をもとに作成

セカンドライフの住まいは大都会？ それとも田舎？

　セカンドライフの住まいとして、住み慣れた地域・住居を選択する人は多いでしょう。親の介護のために、故郷を選択する人もいます。あるいは、都会を離れ、地方への移住を考える人もいます。憧れの海外移住を予定している人もいるかもしれません。

　縁の薄い土地でセカンドライフをすごすよりは、友人・知人の多い地域で暮らしたいという女性は多いのではないでしょうか。文化施設の多い都会を選択する人もいるでしょう。ぜひ、個人の価値観や生き方を大切にして検討してください。

　最近の調査(注)によれば、東京都在住者のうち地方への移住を予定したり、移住を検討したいと考えている人は、50代では男性50.8％、女性34.2％、60代では男性36.7％、女性28.3％にのぼっています。都会から地方へ移住し、日常生活のコストが低い利点に加え、健康でアクティブな生活を送りたいという希望が強いのでしょう。

　この場合、医療機関へのアクセスや地域の住民との付き合い、子どもたちや親族の住まいとの距離感も考えたほうがよいでしょう。

(注) 内閣官房「東京在住者の今後の移住に関する意向調査」

　40代女性の7割弱、50・60代女性の6割は、子どもと「同居・二世帯住宅ともするつもりはない」と考えています。

　介護が必要になったときの住まい方について、男性は「自宅」、女性は「施設」を希望しています。

　自宅介護の場合、老人が老人を介護する「老老介護」になることも多く、介護する人の負担も増します。在宅介護サービスを上手に活用してその負担を軽減することが大切です。

　また、施設介護の場合、費用の安い、特別養護老人ホームは待機者が多く、すぐに入居するのはむずかしい状況です。

　民間の老人ホームに入居できるだけの資金準備を考えておくことも必要となります。

セカンドライフに向けての40・50代の意識と準備

3 セカンドライフへの貯え

定年前までにどのくらいお金を貯めておけば安心なんでしょう？
同世代のみんなはどうしているのかしら。先輩世代は何をどこまで準備されていたのかしら？
なかなか思うように貯まらないから不安だわ。

　40・50代女性がセカンドライフの生活設計を考えるうえで特に重要な資金準備について、40・50代の準備状況と60代の実態を見てみましょう。

40代の半数以上が何らかの形で準備を始めている!?

　40代の世帯で貯蓄や積立をしている割合は77.9％でした。さらに、貯蓄や積立をしている世帯のうち67.3％がその目的として「老後の生活資金」を挙げています。つまり、40代では約52％の人が老後生活資金の準備を始めているといえます。

　50代の世帯では、貯蓄や積立をしている割合は72.5％ですが、そのうち「老後の生活資金」を目的とする割合は40代よりも高く78.6％でした。50代のうち約57％が老後生活資金の準備をしていることがわかります。

　60代の世帯では、老後生活資金の準備をしている割合は約44％に低下しています。これは、老後資金準備を終える世帯も増えてくるためといえます〔図表１〕。

　また、老後の生活資金のための貯蓄や積立をしている人のひと月あたり平均金額は約5.9万円で、40代の世帯で約5.3万円、50代の世帯で約6.4万円です。
「夫婦世帯」と「単身者」とでは、将来の必要資金額が異なるため貯蓄・積立額にも差が見られます。50代では、「夫婦世帯」が約6.8万円に対し、「単身者」は約4.6万円となっています〔図表２〕。

● 図表1　世帯で貯蓄や積立をしていますか（40～60代男女）

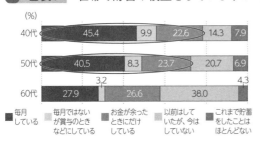

年代	貯蓄・積立をしている	うち目的が老後生活資金準備
40代	77.9%	67.3%
50代	72.5%	78.6%
60代	57.7%	76.1%

出典：明治安田生活福祉研究所「セカンドライフの生活設計に関する調査」

● 図表2　老後の生活資金のための貯蓄・積立のひと月あたりの平均額　（円）

	40代世帯	50代世帯	60代世帯	全体
夫婦世帯	54,133	67,795	61,627	61,573
単身者	49,549	46,014	52,610	49,188
合計	53,004	63,789	59,998	59,049

ひと月あたり約5.9万円

出典：明治安田生活福祉研究所「セカンドライフの生活設計に関する調査」

　では、どのような方法で準備しているのでしょうか。各年代に共通して、元本確保型での準備が多く、40代では「定期型の預貯金」（64.1％）、「生命保険・個人年金」（35.1％）、「積立型の預貯金」（26.1％）、「財形貯蓄・財形年金」（15.2％）でした。

　高い運用収益が期待できると同時に相応の運用リスクも伴う「株式」（15.9％）や「投資信託」（12.7％）が続きます。

　50代は基本的に40代と同じ傾向ですが、特に「積立型の預貯金」（64.4％）を資金準備の手段として選択する割合が高くなっています〔図表3〕。

　世帯の貯蓄額（預貯金・有価証券・保険の積立金等）は、平均すると40代の世帯で1,191万円（夫婦世帯1,222万円、単身者1,099万円）、50代の世帯で1,989万円（夫婦世帯2,097万円、単身者1,616万円）です〔図表4〕。

　一方、40・50代では住宅ローンなどの負債がある世帯が一般的ですが、負債を計画的に繰上げ返済し、退職時点でのローン残高を極力少なくすることもセカンドライフに向けた準備の重要ポイントです〔図表5〕。

セカンドライフに向けての40・50代の意識と準備

● 図表3　老後の生活資金のための貯蓄・積立の手段（複数回答）

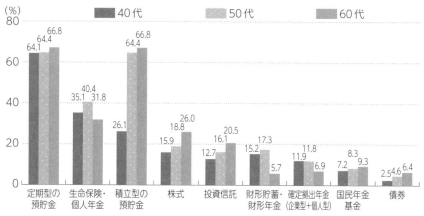

出典：明治安田生活福祉研究所「セカンドライフの生活設計に関する調査」

● 図表4　40〜60代世帯の貯蓄額の平均額　　　　　（万円）

	40代世帯	50代世帯	60代世帯	全体
夫婦世帯	1,222	2,097	2,759	2,103
単身者	1,099	1,616	1,869	1,533
合計	1,191	1,989	2,568	1,971

出典：明治安田生活福祉研究所「セカンドライフの生活設計に関する調査」

● 図表5　40〜60代世帯の住宅ローン・その他の負債の平均額　　　　　（万円）

		40代世帯	50代世帯	60代世帯	全体
住宅ローン残高	夫婦世帯	880	517	162	497
	単身者	129	128	148	135
	合計	676	433	159	413
住宅ローン以外のローン残高	夫婦世帯	91	105	73	89
	単身者	48	66	46	53
	合計	79	97	67	81

出典：明治安田生活福祉研究所「セカンドライフの生活設計に関する調査」

65歳までに2,800万円くらいあれば安心

現役引退時（65歳の想定）にいくらの貯蓄（公的年金・企業年金・退職金を除く）があれば安心だと思うかたずねたところ、40代で2,684万円、50代で2,831万円でした〔図表6〕。

安心できる金額は「夫婦世帯」と「単身者」とではそれほど大きな差はありません。しかし、将来実際にかかる必要資金は、「夫婦世帯」と「単身者」では当然差があります。

総務省「家計調査」では、老後のひと月あたりの生活費は、単身者では15.2万円ですが夫婦世帯では26.5万円と1.7倍です。それにもかかわらず安心できる金額に差が見られないのは、「単身者」には、少しでも多く貯蓄があったほうが安心という意識が強いからだと推測されます。

一方、定年退職の経験がある60代の現役引退時の貯蓄額（預貯金・有価証券・保険の積立金・退職一時金等）は平均2,404万円（夫婦世帯2,510万円、単身者2,142万円）でした〔図表7〕。

●図表6　現役引退時にいくらの貯蓄があれば安心か（安心だと思う金額の平均額）（万円）

	40代	50代	全体
夫婦世帯	2,723	2,876	2,802
単身者	2,580	2,668	2,619
合　計	2,684	2,831	2,758

＞年金・退職金を除く

※貯蓄額には、公的年金・企業年金・退職金を除く
出典：明治安田生活福祉研究所「セカンドライフの生活設計に関する調査」

●図表7　現役引退時の貯蓄額（60代）（万円）

	現役引退時の貯蓄額平均
夫婦世帯	2,510
単身者	2,142
合　計	2,404

＞退職金等を含んでも2,404万円

※貯蓄額は、預貯金・有価証券・保険の積立金・退職一時金等
出典：明治安田生活福祉研究所「セカンドライフの生活設計に関する調査」

セカンドライフに向けての40・50代の意識と準備

退職一時金を含めた金額ですら、40・50代の希望する貯蓄額には不足しており、実態は厳しい様子がわかります。

老後生活に必要な資金は一朝一夕には貯められません。将来の収支見通しを把握して、資金準備を少しでも早くスタートすることがポイントです。

年金や退職金がいくらもらえるか知っておこう

セカンドライフの生活設計を行うためには、将来の収入がいくらになるのかを把握しておくことが非常に重要です。

しかし、将来自分が受け取るおおよその公的年金額を把握している人は、40代の女性で27.0%、50代の女性で51.6%にとどまります。

配偶者の公的年金額の認知度はさらに低く、40代女性で19.8%、50代女性で44.0%です。

また、自分の退職金・退職年金の概算額を把握している割合は40代女性で21.9%、50代女性で46.0%と半数を下回っています〔図表8〕。

図表8　退職金・退職年金、公的年金額の認知度 (%)

	自分の公的年金額の概算額を把握している	配偶者の公的年金額の概算額を把握している	自分の退職金・退職年金額の概算額を把握している※
40代女性	27.0	19.8	21.9
50代女性	51.6	44.0	46.0

※退職金・退職年金の質問の対象は退職金・退職年金がある人に限定

出典：明治安田生活福祉研究所「セカンドライフの生活設計に関する調査」

自分や配偶者の公的年金や退職金・企業年金は、セカンドライフの収入の大きな柱であり、生活設計の前提です。ぜひとも受け取れる見込額を把握しておきたいものです。

老後生活資金の準備のための貯蓄・積立は、40代の世帯で約52％、50代の世帯で約57％が実施しており、その金額は、40代の世帯でひと月あたり約5.3万円、50代の世帯で約6.4万円です。

　40・50代は、老後の必要資金として退職時までに年金・退職金を除いて2,800万円程度あれば老後の生活は安心と考えています。

　一方、定年退職経験のある60代の現役引退時の貯蓄額は、退職金などを含んでも約2,400万円です。

　早い段階からの資金準備がポイントです。

セカンドライフに向けての40・50代の意識と準備

4 60代の仕事、家計

60代のみなさんは、どのくらい働いているのかしら？先輩世代のもしものときへの備えや家計の意識も知りたいわ。

　実際にセカンドライフを迎えた60代の働き方、そして病気やケガ、介護への備えはどうしているのでしょうか。
　また、家計の節約状況や子どもとの援助関係を見てみましょう。

 60代の女性は約38％が仕事をしている

　60代女性で仕事に就いている割合は37.6％（パート・アルバイト16.2％、自営業・自由業・家族従業者10.3％、会社員・会社役員・公務員8.4％など）で、それ以外の62.4％の人が仕事に就いていません。
　仕事に就いている60代の女性が1週間に働く日数は、週5日以上が半数以上（53.6％）で、週2～4日が3人に1人（32.9％）となっています〔図表1〕。

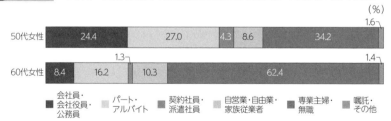

図表1　50代・60代女性の就業形態と60代女性が1週間に働く日数

（%）

	会社員・会社役員・公務員	パート・アルバイト	契約社員・派遣社員	自営業・自由業・家族従業者	専業主婦・無職	嘱託・その他
50代女性	24.4	27.0	4.3	8.6	34.2	1.6
60代女性	8.4	16.2	1.3	10.3	62.4	1.4

〈仕事に就いている60代女性が1週間で働く日数〉　　　　（%）

週7日	週6日	週5日	週4日	週3日	週2日	週1日	決まっていない
3.0	12.4	38.2	14.8	13.0	5.1	1.0	12.4

出典：明治安田生活福祉研究所「セカンドライフの生活設計に関する調査」

60代女性の働く目的は「生活費を稼ぐため」が64.1％でトップ、さらに、「老後の資金準備のため」36.1％という生計面の理由が多く見られます。

　また、60代では、「生きがい・働きがいを得るため」46.6％、「社会との関わりを持つため」45.8％、「健康のため」41.5％といった生計面以外の目的が、50代の考える「60歳以降も働きたい目的」よりも回答割合が高い結果となりました〔図表2〕。

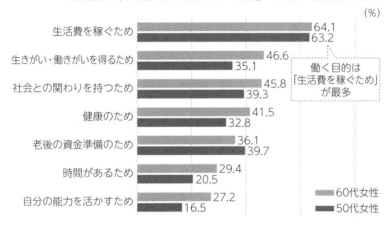

図表2　60代女性「働いている目的」と
　　　　50代女性「60歳以降も働きたい目的」の比較（複数回答）

出典：明治安田生活福祉研究所「セカンドライフの生活設計に関する調査」

60代世帯で「病気やケガに対する備えは十分だと思う」が6割弱、「介護が必要になった場合への備えは十分だと思う」が4割弱

　「病気やケガ」「介護」に対する準備の状況はどうでしょうか。いずれも年代が高いほど、備えが十分だと考えている割合が高くなる傾向です。しかし、60代でも十分だと思っている人の割合は、病気・ケガに対する備えが56.8％、介護に対する備えは36.6％にとどまります。特に、備えが十分だとする「そう思う」は、病気・ケガで11.5％、介護で7.4％です〔図表3〕。

　「介護に対する備えをしている（備えは十分だと思う＋どちらかといえば十分だと思う）」と回答した人のうち、82％の人が公的介護保険以外の手段で準備しています。

セカンドライフに向けての40・50代の意識と準備

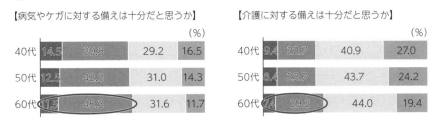

図表3　「病気やケガ」「介護」に対する備えの充足度

出典：明治安田生活福祉研究所「セカンドライフの生活設計に関する調査」

　準備手段（複数回答）としては40～60代の合計で「預貯金」（63.2％）がトップ。次いで「生命保険会社などの介護保険」（38.6％）、「個人年金や満期保険金がある生命保険」（28.2％）、「株式・投資信託など」（23.7％）、「財形貯蓄・財形年金」（10.5％）などが続きます。高年齢になるにしたがい、「預貯金」と「株式・投資信託など」が増加する傾向にあり、一方、「生命保険会社などの介護保険」は若い世代ほど高い利用傾向が見られました〔図表4〕。

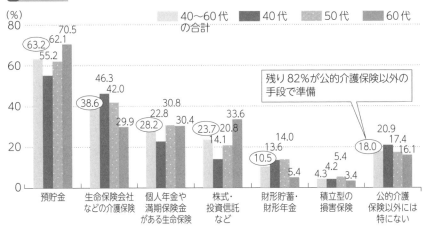

図表4　介護費用の準備手段（複数回答）

出典：明治安田生活福祉研究所「セカンドライフの生活設計に関する調査」

40・50・60代とも約半数が将来に備えて節約中

　老後の生活資金準備のための貯蓄や積立のためには、日常生活での過度な浪費はタブーです。40～60代の世帯では将来に備えてどの程度節約を行っているのでしょうか。

　将来に備えて節約を行っているのは、40代世帯で48.3％、50代で50.6％、そして60代も59.0％が節約を実施しています。

　節約を行っている理由で特徴的なのは、40～60代を通じて約半数が「老後にいくらかかるかわからないので、怖くて使えない」と回答していることです〔図表5〕。

　具体的な節約の方法は、「物品の購入を極力控える」「少しでも価格の安い店舗やインターネット販売の利用」「電気・ガス・水道の使用を極力控える」「クーポンや割引サービスの利用」が50％を超えています。

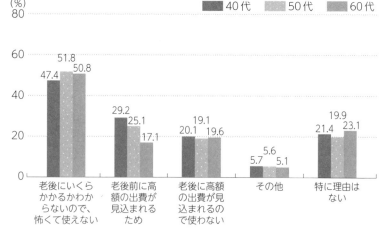

図表5　節約を行っている理由（複数回答：節約を行っている人が対象）

出典：明治安田生活福祉研究所「セカンドライフの生活設計に関する調査」

また、「固定電話・携帯電話の使用を極力控える」「携帯電話の料金プランの見直しや割引プランの活用」「自動車の使用を極力控えてガソリン代を抑える」が20％を超え、「保険料が安い自動車保険に変更」「生命保険の見直し」「税金が安い自動車の車種に変更」も15％前後の人が挙げています〔図表６〕。

●図表6　節約の方法（複数回答）

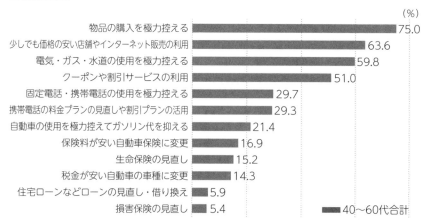

出典：明治安田生活福祉研究所「セカンドライフの生活設計に関する調査」

子どもへの援助や子どもからの援助に関する意識

子どもへの援助や子どもからの援助に関する意識について見てみましょう。「子どもにはできるだけ経済的に援助したい」は60代でも過半数（56.4％）ですが、一方、「将来子どもに経済的に面倒を見てもらいたい」は14.6％にとどまっています〔図表７〕。

先立つものがないと子どもへの援助もままなりません。夫婦の生活資金だけでなく、子どもへの経済的援助もできる程度の資金準備を考えておきたいものです。

● 図表7　各項目に対し「そう思う」＋「どちらかといえばそう思う」割合
（40〜60代男女）　　　　　　　　　　　　　　　　　　（％）

	40代	50代	60代
子どもにはできるだけ経済的に援助してあげたい	73.8	65.0	56.4
子どもにはできるだけ財産を残してあげたい	58.8	50.7	45.5
将来子どもに経済的に面倒を見てもらいたい	20.4	18.9	14.6
介護が必要になったら子どもに介護してもらいたい	29.4	29.3	28.3
自分が亡くなっても、子どもには自分の葬儀をしてもらわなくともよい	44.9	44.8	43.5

出典：明治安田生活福祉研究所「セカンドライフの生活設計に関する調査」

　60代の世帯では、「病気やケガに対する備えは十分だと思う」が6割弱、「介護が必要になった場合への備えは十分だと思う」が4割弱にとどまっています。通常の生活費に加え、病気・ケガ、介護に対する経済的な準備も重要です。

　また、将来に備えた節約の理由として40〜60代の約半数が「老後にいくらかかるかわからないので、怖くて使えない」と回答しています。老後に必要な生活資金について具体的に算定することが大切です。

　自分たちにとっての必要資金に見通しがつけば、節約と合わせて、今度は積極的にその資金を準備するための行動にとりかかれます。もちろん、完全な準備はむずかしいかもしれません。しかし、一歩一歩、踏み出すことで自分がさらにやるべきことが次々と見えてきます。

　60代でも5割以上が子どもにできるだけ経済的な援助をしたいと考えています。セカンドライフを迎えても子どもに経済的な援助ができる程度の資金準備ができれば理想的です。

セカンドライフに向けての40・50代の意識と準備

Q&A くらし編 5 60代の生きがい、生活の満足度

セカンドライフを迎えている60代のみなさんの生きがいや今の生活にどれくらい満足しているのかについて知りたいわ。
シルバーではなく、プラチナエイジとして輝きたいの。

　セカンドライフで大切なことは、「健康」「生きがい」「経済力」です。
　「健康」については、将来、できるだけ病気・介護状態にならないためにも、正しい食生活や運動などで健康管理を実践し、自身の「健康寿命」を高める努力が大切です。
　また、「生きがい」については、単に趣味だけではなく、家族・社会との関係も含めどのような老後生活を送りたいかを具体的にイメージして必要な準備を進めることが大切でしょう。
　60代の人がどのようなセカンドライフを送っているのか、生きがいや生活の満足度の点から見ていきましょう。

 健康の状況や生きがいは？

① 仕事を引退後、健康の維持・増進に励む人が多い

　60代で仕事を引退している人が特に取り組んでいることについて、男女ともに「健康の維持・増進」が6割以上でトップです。次いで、「趣味を持つこと」が5割、「友人や仲間との交流」が3割前後と続きます。
　「友人や仲間との交流」や「子どもとの対話」が男性より女性のほうが高いこと、「夫婦の対話」「趣味やスポーツなどのレベルアップ」が女性より男性のほうが高いことが特徴です〔図表１〕。

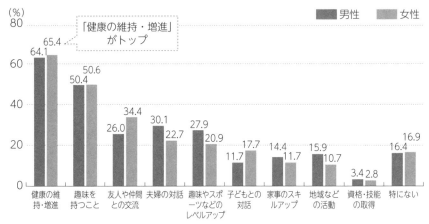

図表1　仕事を引退した後、特に取り組んでいること（複数回答）

健康の維持・増進：男性64.1、女性65.4（「健康の維持・増進」がトップ）
趣味を持つこと：男性50.4、女性50.6
友人や仲間との交流：男性26.0、女性34.4
夫婦の対話：男性30.1、女性22.7
趣味やスポーツなどのレベルアップ：男性27.9、女性20.9
子どもとの対話：男性11.7、女性17.7
家事のスキルアップ：男性14.4、女性11.7
地域などの活動：男性15.9、女性10.7
資格・技能の取得：男性3.4、女性2.8
特にない：男性16.4、女性16.9

出典：明治安田生活福祉研究所「セカンドライフの生活設計に関する調査」

② セカンドライフで生きがいを感じる瞬間って？

　60代のうち生きがいを感じている割合は76.8%です。引退後に取り組んでいることと生きがいの関係を見てみると、「趣味やスポーツのレベルアップ」「夫婦の対話」「ボランティア活動」「資格・技能の習得」などに取り組んでいる人は、約9割が生きがいを感じています。

　一方、取り組んでいることが「特にない」人は、生きがいを感じている割合が45.0%にとどまっています〔図表2〕。

　健康づくりや人付き合い、そして興味があることや好きなことに積極的に取り組むことで、生きがいを感じられる毎日をすごせているようです。

図表2　引退後に特に取り組んでいる内容と生きがいを感じている割合（60代男女） (%)

生きがいを感じている	健康の維持・増進	趣味を持つこと	友人や仲間との交流	夫婦の対話	趣味やスポーツなどのレベルアップ	子どもとの対話	家事のスキルアップ	地域などの活動	資格・技能の習得	ボランティア活動	特にない
76.8	82.6	83.7	85.7	88.7	90.4	86.3	81.1	85.2	87.5	87.9	45.0

出典：明治安田生活福祉研究所「セカンドライフの生活設計に関する調査」

セカンドライフに向けての40・50代の意識と準備

くらし

人や社会との関わりを持つことで老後生活の満足度が高まる！

人間関係や社会との関係と生活の満足度は密接な関係があります。

60代において、趣味・スポーツのサークルに参加している場合には、参加していない場合よりも満足度が18.6ポイントも上回っています。

趣味を持っているかどうかで17.8ポイント、日頃から頼りにしている友人がいるかいないかで13ポイントの違いが見られます。

セカンドライフを充実してすごすには、打ち込めるものを持つことのほかに、地域や友人・仲間とのつながりが大切です。そのためにも現役引退前から、趣味・スポーツのサークルや人・地域・社会とのよりよい関係づくりを心がけておくことが大切です。

一方、同居や別居の「親の介護の有無」は、生活全般の満足度には大きな影響を与えていませんでした〔図表3〕。

図表3　人との関わりなどと生活の満足度（「満足」＋「まあ満足」）
　　　　（60代男女）　　　　　　　　　　　　　　　　　　　　　（%）

各種要素	生活全般の満足度	割合の差
◇日頃から頼りにしている友人がいる	74.2	13.0ポイント
◆日頃から頼りにしている友人がいない	61.2	
◇趣味・スポーツのサークルに参加している	79.9	18.6ポイント
◆趣味・スポーツのサークルに参加していない	61.3	
◇ボランティア活動に参加している	75.2	9.5ポイント
◆ボランティア活動に参加していない	65.7	
◇趣味を持っている	70.5	17.8ポイント
◆趣味を持っていない	52.7	
◆親（同居）を介護している	68.2	0.9ポイント
◇親（同居）を介護していない	67.3	
◆親（別居）を介護している	65.1	▲3.9ポイント
◇親（別居）を介護していない	69.0	

出典：明治安田生活福祉研究所「セカンドライフの生活設計に関する調査」

家族・将来・社会に対する意識は？

① 男性は妻とのコミュニケーションと資産形成が大事!?

　60代の家族意識について見てみましょう。「ふだんの生活でできるだけ配偶者と一緒にいたい」「夫婦は一緒の部屋で寝るのがいい」「生まれ変わったら同じ人と結婚したい」「配偶者と同じお墓に入りたい」の項目について「そう思う」と「どちらかというとそう思う」と回答した割合は、どれも女性が男性を大きく下回るという、男性にとってかなり残念な結果となっています〔図表4〕。

図表4　配偶者に対する意識（60代男女）　　(%)

項　目	「そう思う」＋「どちらかというとそう思う」割合	
	男性	女性
ふだんの生活でできるだけ配偶者と一緒にいたい	75.6	51.7
夫婦は一緒の部屋で寝るのがいい	62.2	45.2
生まれ変わったら同じ人と結婚したい	58.5	38.7
配偶者と同じお墓に入りたい	75.3	60.9

→ 男性のコミュニケーション不足!?

出典：明治安田生活福祉研究所「セカンドライフの生活設計に関する調査」

　なぜ、このような残念な結果になるのでしょうか。男性が現役時代は仕事が忙しく、妻とのコミュニケーションが不十分となっていたことも背景にあるのでしょう。

　また、男性は現役時代に仕事や会社関係の付き合いが多く現役引退後に交友関係が狭くなりやすいのに対し、妻は子育て時期以来の付き合いや友人あるいは地域に根付いた交際が広く、社交性に富む生活ができていることも原因のようです。

　このようなことが重なって、60代を迎えた頃にはパートナーに対する気持ちに夫婦間でもかなりの温度差が生じるといえそうです。男性は妻とのコミュニケーションと引退後の交友関係を十分に考えておく努力が必要です。

セカンドライフに向けての40・50代の意識と準備

「世帯の貯蓄額」も配偶者に対する意識に影響しているようです。世帯貯蓄額別に見ると、貯蓄額が多いほど、「配偶者との関係が良好」の割合が高くなっています〔図表5〕。

同様に、「ふだんの生活でできるだけ配偶者と一緒にいたい」「生まれ変わったら同じ人と結婚したい」「配偶者と同じお墓に入りたい」の割合も貯蓄額が多いほど高い結果となりました。

貯蓄額が多いほど、配偶者に対する気持ちが前向きになっていることから、"夫婦円満にはお金も大事"といえそうです。

図表5　世帯貯蓄額別の配偶者に対する意識（60代男女）
「そう思う」「どちらかというとそう思う」割合　　　　　　　　　　（％）

項　目	世帯貯蓄額	男性	女性
配偶者との関係が良好 （良好＋まあ良好）	500万円未満	55.7	51.7
	500万円以上2,000万円未満	74.0	58.4
	2,000万円以上	79.3	71.3
ふだんの生活でできるだけ 配偶者と一緒にいたい	500万円未満	48.1	35.6
	500万円以上2,000万円未満	65.2	34.1
	2,000万円以上	68.2	44.3
生まれ変わったら同じ人と 結婚したい	500万円未満	44.3	28.2
	500万円以上2,000万円未満	54.7	38.0
	2,000万円以上	60.0	40.5
配偶者と同じお墓に入りたい	500万円未満	53.8	48.3
	500万円以上2,000万円未満	71.3	57.3
	2,000万円以上	74.5	63.8

出典：明治安田生活福祉研究所「セカンドライフの生活設計に関する調査」

② 貯蓄額が多いと、健康・生きがい・社会に対する意識に好影響!?

60代の世帯貯蓄額と「健康」「生きがい」「社会に対する意識」との関係は、貯蓄額が多いほど「健康状態が良い」「生きがいを感じている」「日本は高齢者に優しい社会だ」の割合が高く、また公的年金・健康保険・介護保険制度への信頼も高い結果となっています〔図表6〕。

図表6 世帯貯蓄額と健康・生きがい・社会に対する意識（60代男女）（「そう思う」＋「どちらかというとそう思う」割合） (%)

項　目	世帯貯蓄額	男性	女性
健康状態が良い（良い＋やや良い）	500万円未満	72.2	73.6
	500万円以上2,000万円未満	76.7	80.4
	2,000万円以上	80.8	83.9
生きがいを感じている（とても感じている＋まあ感じている）	500万円未満	62.7	69.0
	500万円以上2,000万円未満	81.4	78.8
	2,000万円以上	82.1	83.3
日本は高齢者に優しい社会だ	500万円未満	28.8	27.0
	500万円以上2,000万円未満	37.8	34.1
	2,000万円以上	45.1	39.1
日本の公的年金制度は老後生活に頼りになる	500万円未満	39.6	31.6
	500万円以上2,000万円未満	40.5	43.9
	2,000万円以上	46.4	42.5
日本の健康保険制度は老後生活に頼りになる	500万円未満	55.2	47.7
	500万円以上2,000万円未満	61.8	59.6
	2,000万円以上	65.9	66.1
日本の介護保険制度は老後生活に頼りになる	500万円未満	42.5	35.1
	500万円以上2,000万円未満	47.6	46.7
	2,000万円以上	50.5	50.0

出典：明治安田生活福祉研究所「セカンドライフの生活設計に関する調査」

　セカンドライフに大切な「健康」「生きがい」「（老後の）経済力」ですが、世帯の貯蓄額が、「健康」「生きがい」、そして「社会に対する意識」、さらには「家族との関係」にも密接に関連しています。
　セカンドライフに向けた計画的な資金準備が何よりも大切なことを認識しましょう。

セカンドライフに向けての40・50代の意識と準備

くらし

セカンドライフで重要なことは、「経済力」に加えて「健康」や「生きがい」が挙げられます。

そして、現役引退後に取り組んでいることが「健康」や「生きがい」に密接に関連します。

現役引退前から意識して行動を起こすことが大切です。

また、貯蓄額がセカンドライフの生活上の満足度に強く影響します。「セカンドライフに向けた計画的な資金準備」が何よりも大切です。

6 準備しておくべき老後生活資金

> わたしは専業主婦だけど、夫が定年した後のセカンドライフに必要な生活資金をどのくらい準備しておいたらいいのかしら。
> 今は目先の生活をやりくりするので精いっぱい。年金は減るといわれているし、とっても心配だわ。

　定年後の生活のポイントは「健康」「生きがい」「経済力」です。
　このうち、先立つものとして、重要なのは「経済力」でしょう。
　自分のライフデザインに基づき、老後の「支出」と「収入」を想定して、65歳（または60歳）までにどのくらいの資金が必要なのか、シミュレーションしておくことが重要です。

 老後の支出ってどのくらい？

　夫が65歳に達してからの夫婦の生活費がどのくらいになるか、総務省が公表している家計調査のデータを用いて概算します。
　夫65歳・妻62歳の世帯で、夫が65歳の平均余命まで生き、妻は夫死亡時の平均余命まで生きるとした場合、老後にかかる生活費の合計は8,062万円になります〔図表１〕。

生活資金の見積もりをしましょう

くらし

図表1　老後の生活費用

項目	設定
開始年齢	夫：65歳　　妻：62歳
生活費	夫婦2人（妻62〜64歳）：26.9万円 夫婦2人（妻65歳以降）：26.5万円 妻1人：15.2万円
寿命	夫：83歳　　妻：91歳

※生活費は、総務省「平成26年家計調査（家計収支編）」から（万円単位で、小数点第二位を四捨五入した値）
※余命は厚生労働省「平成26年簡易生命表」から（夫は65歳時の男性平均余命、妻は夫死亡時の女性平均余命）

```
        60歳〜   65歳〜                    〜83歳
        ┌─────┐ ┌──────────────────────────┐
    夫  │5年間│ │          19年間          │
        └─────┘ └──────────────────────────┘
        ┌─────┐ ┌──────────────────────────┐ ┌──────────┐
    妻  │5年間│ │          19年間          │ │  11年間   │
        └─────┘ └──────────────────────────┘ └──────────┘
        57歳〜   62歳〜              〜80歳 81歳〜  〜91歳
                 ←─── 夫婦2人の生活 ───→ ←妻1人の生活→
```

※仮に夫が60歳からの生活資金も考える場合はさらに、26.9万円×12ヵ月×5年
＝1,614万円が必要
（夫65歳、妻62歳の時の生活水準と同じと仮定）

26.9万円×12ヵ月×3年
＋26.5万円×12ヵ月×16年
≒6,056万円

15.2万円×12ヵ月×11年
≒2,006万円

8,062万円

これはあくまでも生活費の概算。教育費、住宅ローン、介護費用などほかの支出があればさらに・・・

老後の公的年金による収入ってどのくらい？

　セカンドライフの夫婦の公的年金の加入状況について4つのケースを設定し、準備しておくべき老後資金がどのくらいなのか計算しました。

　公的年金は、加入期間・収入等さまざまな条件によって受取額が大きく異なりますが、厚生労働省が「平成26年財政検証」の報告書で公表している標準的な年金額のモデルをもとに概算しました（計算過程の詳細は、Q12参照）。

【公的年金の総受取額の例】

4つのケース		総受取額	
ケース①	夫：会社員 妻：専業主婦	5,973万円	計算過程は Q12を参照
ケース②	夫：会社員 妻：会社員	7,211万円	
ケース③	夫：自営業 妻：自営業	3,059万円	
ケース④	独身の 女性会社員	3,727万円	

【設定】

加入期間	ケース① 夫：厚生年金に40年 妻：国民年金に40年
	ケース② 夫：厚生年金に40年 妻：厚生年金に40年
	ケース③ 夫：国民年金に40年 妻：国民年金に40年
	ケース④ 厚生年金に40年
（会社員の場合の） 標準報酬額	男性：42.8万円　女性：30万円
夫の寿命	83歳（65歳時における男性の平均余命）
妻の寿命	91歳（夫死亡時における女性の平均余命）

※男性の標準報酬額は厚生労働省「平成26年財政検証」の標準的モデルを使用
※女性の標準報酬額は男性の標準報酬額の7割と設定
※経済状況は、厚生労働省「平成26年財政検証」における経済シナリオEを想定
※2014年度に、男性が65歳、女性が62歳と設定
※余命は厚生労働省「平成26年簡易生命表」の平均余命より
※夫の死亡年齢は84歳の誕生日の前日、妻の死亡年齢は92歳の誕生日の前日とする

※なお、算出した総受取額は上記設定におけるものであり、あくまでも一例です。個人の加入状況や将来の経済状況等によって受取額が大きく変動します。

老後のために準備が必要な資金ってどのくらい？

　老後の支出額と公的年金の受取額の差が、準備が必要な資金額です。
　夫婦の場合（ケース①～③）、夫65歳・妻62歳から妻が91歳で亡くなるまでの30年間、独身の女性会社員であれば（ケース④）、65歳から91歳までの27年間の収支を計算しています。

生活資金の見積もりをしましょう

くらし

　2014年度の物価ベースで計算しているため、今現在で準備するとした場合の必要生活資金の目安と考えられます。今後、毎年の物価上昇に応じて準備資金を運用できれば、生活資金として将来困らない水準といえます〔図表２〕。

● 図表２　事前に準備が必要な資金額のイメージ

ケース①（会社員と専業主婦）

生活費の総支出額 8,062万円	自前で準備が必要な資金額 2,089万円
	公的年金の総受取額 5,973万円

ケース②（夫婦ともに会社員）

生活費の総支出額 8,062万円	自前で準備が必要な資金額 851万円
	公的年金の総受取額 7,211万円

ケース③（夫婦ともに自営業）

生活費の総支出額 8,062万円	自前で準備が必要な資金額 5,003万円
	公的年金の総受取額 3,059万円

ケース④（独身の女性会社員）

15.2万円〈高齢単身無職世帯の生活費平均〉×12ヵ月×27年

生活費の総支出額 4,925万円	自前で準備が必要な資金額 1,198万円
	公的年金の総受取額 3,727万円

※ケース①〜④の公的年金の総受取額の計算過程はQ12を参照

> **ちなみに・・・・**
> 　ゆとりのある生活に必要な支出月額は35.4万円（生命保険文化センター「平成25年度生活保障に関する調査」から「老後の最低日常生活費22.0万円」と「老後のゆとりのための上乗せ額13.4万円」の合計額）となっています。
> 　この場合、老後の夫婦に必要な生活費の合計は、1億734万円となり、上記の8,062万円よりも2,672万円さらに必要となります。
> 　　　計算式：夫婦２人の期間（35.4万円×12ヵ月×19年）
> 　　　　　　　＋妻１人の期間（35.4万円×0.57※×12ヵ月×11年）
> 　　　　　　　＝8,071万円＋2,663万円＝1億734万円
> 　※0.57は図表１の高齢者夫婦（26.5万円）と単身者（15.2万円）の実支出の比率から妻１人相当分を想定した割合

収入と支出、ほかにはどんなものがあるの？

　図表1で計算した支出額は、夫婦ともに平均余命まで生きると仮定した場合の必要生活資金です。このほか、自分たちの葬儀費用をはじめ、大きな病気・介護にかかる費用、子どもの教育費やまとまった資金援助、住宅ローンやその他の残債、賃貸住宅ならそれぞれの住まいに応じた家賃額まで加算しなければなりません。

　さらに、親の介護資金や自分たちが平均余命よりも長生きする場合など、家族の実態に応じて追加して考える必要があります。収入面も、退職金・企業年金や他の収入があれば加算してください。

　ここでは、追加要素を想定した一例として、将来介護付き有料老人ホームに入居することを考えた場合の必要資金を試算してみましょう。退職金や有料老人ホーム利用時にかかる費用はケースによって大きく異なるので、あくまでも参考です。また、この試算は、不動産などの資産を計算に入れていません。

　たとえば、老人ホームに入居するときには自宅の不動産を売却してその売却価格を入居資金とすることも考えられます。それぞれの家庭にあった生活設計を考えましょう。

〈参考〉定年退職者の標準的な退職金額は？

	大学卒	高校卒
日本経団連	2,358万円	2,155万円
東京都	1,384万円	1,219万円
単純平均	1,871万円	1,687万円

出典：日本経済団体連合会・東京経営者協会「2014年9月度退職金・年金に関する実態調査結果」の管理・事務・技術労働者（60歳総合職）、東京都「平成26年 中小企業の賃金・退職金事情調査」をもとに作成

生活資金の見積もりをしましょう

追加要素を加えた例

【夫婦の設定】
　ケース①の夫婦を想定し（持家で住宅ローンは完済）、夫死亡後に妻は平均余命まで（91歳まで）介護付き有料老人ホームに入居

【介護付き有料老人ホームの費用設定】
　有料老人ホームの費用は高額なものから手頃感のあるものまで千差万別です。家賃の支払方法も月払いや全額前払い、またはその併用方式と多彩です。本書では家賃の支払を併用方式とし、金額は次のように設定しました。
《入居一時金：700万円　月額利用料（食費・水光熱費等も含む）：23万円》

【収入】
退職金：1,800万円
※日本経団連と東京都の調査の大学卒と高校卒の平均金額を参考
公的年金：5,973万円（ケース①同様）

【支出】
夫婦2人期間の生活費：6,056万円
妻の介護付き有料老人ホーム費用：
入居一時金（700万円）＋月額利用料（23万円×12ヵ月×11年）＝3,736万円

【自前で準備が必要な資金】
総支出額－総収入額＝（6,056万円＋3,736万円）
－（1,800万円＋5,973万円）＝2,019万円

■ 図表3
追加要素がある場合の必要な資金額のイメージ

妻の有料老人ホームの費用 3,736万円	自前で準備が必要な資金額 2,019万円
	退職金 1,800万円
夫65歳からの夫婦の生活費 6,056万円	公的年金の総受取額 5,973万円

（参考）さらに60歳から64歳までの生活費を加えると・・・
　　　2,019万円＋1,614万円（26.9万円×12ヵ月×5年）＝3,633万円の準備が必要

　自分の公的年金の総受取額と老後にかかる総費用を計算し、その差額が準備しておくべき老後生活資金のひとつの目安です。ケース①の夫が会社員で自分が専業主婦の場合、事前に準備が必要な資金額は約2,100万円です。
　家庭の実態に応じて、介護や医療等の追加費用と、退職金や企業年金などのほかの収入を加算して、より現実的な数字にしましょう。

夫死亡後の妻の生活資金の確保

子どもが就職して独立するし、住宅ローンも間もなく完済できるから、そのタイミングで夫の死亡保険を解約して医療保険だけにしようと思うの。
月々の保険料も減るし、お葬式代くらいなら、なんとかなりそうだし。
でも、女性のほうが長生きするケースが多いと聞いているので、わたしは夫が亡くなった後もひとりで生きなきゃいけないのよね。
子どもに介護の面倒はかけたくないし、年金だけで生活資金は足りるのか心配…。

　これまでは、生命保険に加入するにあたり、万一の際の保険金・給付金は、のこされる家族の生活資金や子どもの養育・教育資金などを検討して金額を決めていたと思います。

　しかし、子どもが成長し、夫婦の定年も近づき、セカンドライフをイメージする時期は、生命保険を見直すよいタイミングです。

　多くの人が、まずは月々の支払保険料を抑えようと保障額の減額や解約を考えるのではないでしょうか。浮いたお金を貯蓄や安全資産などへの投資に回すなど、別の形で老後資金へ充てるのもひとつの方法です。

　ただし、これらの場合には、将来保障額を増やすことができない可能性があるという点に注意が必要です。

　セカンドライフをすごす期間は思った以上に長いかもしれません。どのようなセカンドライフを送りたいかをしっかりと思い描き、そのうえで死亡保障金額の見直しを検討しましょう。

生活資金の見積もりをしましょう

 平均寿命が90歳を超える日も遠くない!?
セカンドライフの期間とは？

　わが国は世界でも有数の長寿国になりました。平均寿命は、2014年時点で、男性は80.50歳、女性は86.83歳となっています〔図表１〕。

　1973年当時は、それぞれ70.70歳、76.02歳でしたから、セカンドライフをすごす時間は40年で10年も延びています。これは、医療技術・保健衛生の進歩に伴った高齢者の健康状態改善などが主な理由です。

　夫が亡くなった後、その先女性ひとりで10年、場合によってはそれ以上生きることが珍しくない時代が来ているのです。

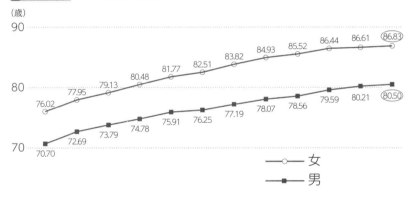

図表１　平均寿命の推移

出典：厚生労働省「平成26年度 簡易生命表」をもとに作成

 死亡保険に対する見方を変えましょう

　子どもが独立したり、定年が近づいたりすると、「遺族の生活のための大きな保障はいらない」「保険料負担も軽減したい」と、死亡保険を減額・解約する人がいますが、もう一度よく考えてみましょう。

45

女性は長生きします。100歳まで想定しなくても、「人生90年」はだれしもが覚悟する必要があります。夫が亡き後の生活費をゆとりある水準で確保できているでしょうか？

　さらに、夫が亡き後は、ひとりで生活するのですから、病気や介護にかかった場合の費用はしっかり準備しておかなければなりません。

　もちろん、月々の保険料負担はとても大きな支出です。子どもの独立などを機に保障を見直していくことは必要です。

　しかし、夫死亡後の妻の生活費を準備するという目的で、夫の死亡保障を考えておくことも大切です。もちろん、公的年金などで埋め合わせできない部分をカバーできる程度で十分でしょう。仮に女性のほうが約10年長生きするとして、その期間の必要資金は目安として、500〜1,500万円程度でしょう。

　また、生命保険は、病気などをすると再度保険に加入するのはむずかしくなります。解約・減額する前にもう一度立ち止まり、ひとり暮らしの期間の生活費をどうやって確保するのかを考えてください。

どれくらい用意しておけば安心？

　総務省の調査で高齢者世帯（世帯主は無職）の家計収支を見ると、公的年金等の所得を上回る消費を行っていることがわかります。毎月の収支は6.2万円の赤字ですので、個人年金等の私的年金の受給を含め、貯蓄を取り崩しながらの生活をしていることがわかります〔図表２〕。

　現実的に年金生活になったからといって、急に節約したり、質素な生活をしたりするのはむずかしいでしょう。この6.2万円の赤字は、年間で約74万円となります。仮に夫婦の老後資金が1,500万円あったとしても、約20年で底をついてしまうことになります。たとえば、夫婦どちらかが要介護状態になれば、支出はもっと増える可能性が高くなります。

　また、夫が先に亡くなると、公的年金の受給額も減ります。葬儀費用等の出費もあり、この貯蓄額で安心してすごせるのか心配になります。

　葬儀費用の総額は、平均で150〜200万円程度といわれています。家族

生活資金の見積もりをしましょう

くらし

● 図表2　高齢者世帯（世帯主は無職）の家計収支

実収入　公的年金給付：19.1万円　その他：1.6万円　赤字額：6.2万円

実支出　26.9万円

※1　高齢者世帯は、男65歳以上、女60歳以上の者のみからなる世帯
※2　実支出には非消費支出として、直接税（1.2万円）、社会保険料（1.7万円）などを含む
※3　個人年金や企業年金など私的年金の受給額は実収入には含まない（貯蓄の取り崩し）

出典：総務省「平成26年家計調査（家計収支編）」をもとに作成

葬や墓石を使わない樹木葬等、さまざまなお葬式の形が広がり年々葬儀費用は安くなる傾向にありますが、それでも一定の準備が必要です。

そのほか、子どもや孫への支援、友人との交際や海外旅行など、のこされた妻が長いセカンドライフをより豊かにすごし、安心して生活するためには、ある程度の準備をしておかなければなりません。

また、将来、要介護状態になった場合、施設への入居を想定すると、入居金と月々の費用等を用意しておかなければなりません。

夫の死亡保険金額の検討にあたっては、どのようなセカンドライフを送りたいか、あるいはのこされた妻にどのような生活を送ってほしいか、老後資金の状況と合わせて夫婦で相談することをおすすめします。

加えて、死亡保険だけでなく、終身年金あるいは開始年齢の遅い個人年金保険などの貯蓄型保険への加入も選択肢として検討してください。

定年が近づき、生命保険の見直しにあたっては、夫婦でどのようなセカンドライフを送りたいのか、また夫に先立たれた後に妻が豊かな生活が送れるのか、しっかり話し合いましょう。

8 独身女性の生活設計

わたしは一生独身でいるつもりだけど、わたしと同じように独身で頑張っているみんなは、どんな経済状況なのかしら。
老後のことも心配だし。

20年後、女性の5人のうち1人は生涯未婚に

「生涯未婚率」とは、50歳時点で一度も結婚したことがない人の割合のことで、近年増加傾向にあります（詳細は「はじめに」参照）。20年後には男性では3人のうち1人、女性では5人のうち1人が生涯未婚になると予測されています。

このように生涯未婚率が高まっている状況ですが、若い人たちの結婚願望が著しく低いというわけではなく、交際経験の減少や、収入が低いこと、キャリア志向の女性が増加していることが原因のようです。

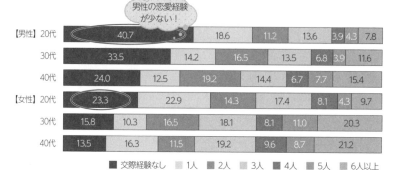

図表1　20〜40代未婚者の異性との恋愛経験

出典：明治安田生活福祉研究所「第8回結婚・出産に関する調査」

生活資金の見積もりをしましょう

くらし

　たとえば、一般的に、男性と比べて女性のほうが異性との交際経験が多く、「婚活」にも積極的な傾向が見られます。ただ、女性の場合の婚活経験は、40代になると30代よりも12ポイントも減りますが、男性は逆に10ポイント増えています〔図表１〕〔図表２〕。

　さらに、人生観・家族観の変化のほかに、女性の求める結婚相手の収入と実際の男性の収入がマッチしていないことも結婚へのハードルを上げているようです。

　具体的には、400万円以上の年収を結婚相手に望んでいる女性は、20代でほぼ６割、30代で６割半ばに達しています〔図表３〕。

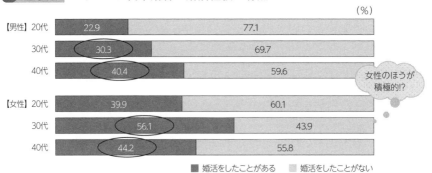

図表2　20～40代未婚者の婚活経験の有無

出典：明治安田生活福祉研究所「第８回結婚・出産に関する調査」

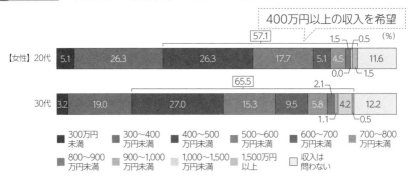

図表3　未婚女性が結婚相手に希望する最低年収（20・30代の未婚女性）

出典：明治安田生活福祉研究所「第８回結婚・出産に関する調査」

一方、400万円以上の年収を得ている男性は、20代で10人に1人、30代でも4人に1人程度です。非正規社員などの増加を考えると、女性の求める結婚相手の収入と現実とのギャップは相当あり、結婚の減少の一因になっているのではないでしょうか〔図表4〕。

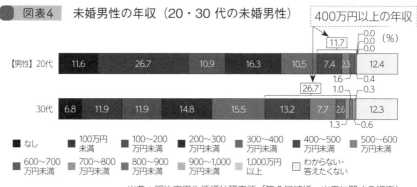

図表4　未婚男性の年収（20・30代の未婚男性）

400万円以上の年収

【男性】20代：なし 11.6／100万円未満 26.7／100〜200万円未満 10.9／200〜300万円未満 16.3／300〜400万円未満 10.5／400〜500万円未満 7.4／500〜600万円未満 2.3／600〜700万円未満 1.6／700〜800万円未満 0.0／800〜900万円未満 0.0／900〜1,000万円未満 0.4／1,000万円以上 0.0／わからない・答えたくない 12.4（11.7%）

30代：なし 6.8／100万円未満 11.9／100〜200万円未満 11.9／200〜300万円未満 14.8／300〜400万円未満 15.5／400〜500万円未満 13.2／500〜600万円未満 7.7／600〜700万円未満 2.6／700〜800万円未満 1.3／800〜900万円未満 1.0／900〜1,000万円未満 0.3／1,000万円以上 0.6／わからない・答えたくない 12.3（26.7%）

出典：明治安田生活福祉研究所「第8回結婚・出産に関する調査」

独身女性の貯蓄はどのくらい？

40・50代の独身女性の場合、預貯金はどのくらいあるのでしょうか。

40代独身女性の貯蓄額は平均919万円で、同世代男性の世帯貯蓄額との比較では約71％の水準でした。

また、50代独身女性の貯蓄額は平均1,470万円で、同世代男性の世帯貯蓄額の約72％の水準となっています〔図表5〕。

図表5　平均的な世帯貯蓄額　（万円）

	年代	平均的な世帯貯蓄額
独身女性	40代	919
	50代	1,470
男性	40代	1,289
	50代	2,046

出典：明治安田生活福祉研究所「セカンドライフの生活設計に関する調査」

生活資金の見積もりをしましょう

独身女性の収入と支出、消費生活の実態は？

　独身で働いている女性の平均年収（実収入）は、34歳以下は約327万円（独身男性の約93％）、35～59歳では約377万円（独身男性の約71％）となっています。

　一方、年間の支出（実支出）は、女性のほうが男性よりも多いため、収支差額は、男性よりかなり少ないというのが実態です。収支差は34歳以下の独身女性で約71万円（男性は約102万円）、35～59歳の独身女性で約44万円（男性は約201万円）となっています〔図表6〕。

　消費支出の状況を見ると、独身女性の場合、住居、被服・履物、理美容サービス・用品、交際費などの支出が男性より多い傾向があります。独身の場合、時間やお金が比較的自由に使えることも一因でしょう。

■ 図表6　単身・勤労者世帯の消費支出の内訳　　　　　　　　　　（万円）

	男性		女性	
	～34歳	35～59歳	～34歳	35～59歳
実収入①　※1	350	527	327	377
実支出②　※2	248	326	256	333
（うち消費支出）	197	221	205	251
収支（①-②）	102	201	71	44

※1 実収入は主に勤労収入や事業収入。預貯金の引き出し、ローン借入金等は含みません。
※2 実支出は主に消費支出や税・社会保険料。預貯金の預け入れ、ローン返済金等は含みません。

出典：総務省「平成26年家計調査（家計収支編）」をもとに作成

　独身女性は、一般的には男性より収入が少ないものの消費支出は男性より多い傾向があります。貯蓄も男性より低い実態となっています。

　平均寿命が長い女性は、老後の必要生活資金もかなりの金額になります。

　将来の安心に向けての準備も心がけましょう。

9 公的年金制度の仕組み

会社員の夫との結婚以来専業主婦を続けていますが、「年金」ってよくわかりません！厚生年金とか国民年金、あとは企業年金なんて言葉も耳にしたりします。わたしや主人はいつからどの年金を受け取ることができるのかしら。

　公的年金は、加入期間・働き方・収入額・世帯構造等によって加入する年金や受取額が大きく異なります。女性にとっては、既婚か未婚か、自分が働いているか専業主婦かどうか、そして夫や自分が会社員なのか公務員なのか自営業者なのか、これらがポイントとなります。
　まずは公的年金の大枠を理解したうえで、自分の加入する公的年金を確認してください。

 老後の収入にはどんなものがあるの？

老後の収入源は、次の3本柱で構成されています。

○「公的年金」・・・・・・・・・・・・・・・図表1の太枠内
○「企業年金・退職金など」・・・・・・・・・図表1の ▨ 部分
○「自助努力の部分」・・・・・・・・・・・・図表1の ■ 部分

 公的年金の種類にはどんなものがあるの？

　公的年金は、「国民年金」と「厚生年金」に大別されます。国民年金は20歳以上60歳未満のすべての人が加入し、厚生年金は会社員や公務員等が国民年金に加えて加入します。自営業者や専業主婦等は国民年金のみの加入（1階建て）、会社員や公務員は国民年金と厚生年金の加入（2階建て）という構造になっています〔図表1〕。

公的年金制度の仕組みを知りましょう

● 図表1　老後の収入のイメージ図

個人年金保険・貯蓄など							
		退職金					
	国民年金基金	確定拠出年金（個人型）	厚生年金基金	企業年金	確定給付（企業型）	確定拠出年金	年金払い退職給付	3階

太枠内が公的年金 →

- 2015年10月から共済年金の職域部分は廃止され、その代わりに「年金払い退職給付」が創設されました
- 共済年金は2015年10月から厚生年金に統一されました

厚生年金（老齢厚生年金）　2階

国民年金（老齢基礎年金）　1階

会社員・公務員の被扶養配偶者等	自営業、学生など	会社員など	公務員など
第3号被保険者	第1号被保険者	第2号被保険者	

公的年金の保険料は働き方で違うの？

　国民年金は20歳以上60歳未満のすべての人が加入しますが、職種などによって加入者を3区分しています。自営業者等は第1号被保険者、会社員・公務員等は第2号被保険者、第2号被保険者の被扶養配偶者（専業主婦等）は第3号被保険者とされています〔図表2〕。

● 図表2　国民年金の被保険者区分と保険料（2015年10月現在）

国民年金の被保険者区分	第1号被保険者	第2号被保険者	第3号被保険者
保険の種類	国民年金	厚生年金、国民年金 （※共済年金は厚生年金に統一されました）	国民年金
対象者	自営業者、学生など （第2号・第3号被保険者以外の者）	会社員、公務員など	会社員・公務員の妻など （第2号被保険者の被扶養配偶者）
保険料	月額15,590円	標準報酬（賞与を含む）の14.354%～17.828%を事業主と折半 （個人負担分は7.177%～8.914%）	負担なし

もらえる年金にはどんなものがあるの？

① 老齢基礎年金（国民年金）

　全国民共通の老齢基礎年金は65歳から受け取れます。満額は年額で780,100円（2015年度）で、満額の受け取りには40年間加入していることが必要です。
　老齢基礎年金の受給要件と年金額の計算式は次のとおりです。

ア．どういう人が年金をもらえるの？

○65歳以上であること
○受給資格期間※が原則として25年以上あること（無年金者を減らすため、2017年4月消費税10％への引上げに合わせて10年に短縮される予定です）。

※受給資格期間：保険料納付済期間＋保険料免除期間＋合算対象期間
・保険料免除期間は後述の図表3参照。
・合算対象期間とは、老齢基礎年金の年金額の計算には算入されないが、受給資格期間の勘定には入れることができる期間。たとえば、1961年4月～1986年3月までの会社員の妻の専業主婦が国民年金に任意加入しなかった期間や1961年4月～1991年3月までの20歳以上の学生が、任意加入しなかった期間等。

イ．年金額はどうやって計算されているの？

老齢基礎年金の計算式

$$780,100円（2015年度） \times \frac{保険料を納めた月数 + 保険料免除の適用を過去に受けた場合、その免除区分に応じて定められた月数〔図表3〕^{※1}}{加入可能年数 \times 12ヵ月（480月）^{※2}}$$

※1 図表3の免除区分ごとの月数に反映される期間の分数を乗じた月数。たとえば、2009年3月以前に半額免除期間が60ヵ月あった場合、60ヵ月×（6分の4）＝40ヵ月となります。
※2 1941年4月2日以後に生まれた人の加入可能年数は40年のため、分母は原則的に480月になります。

公的年金制度の仕組みを知りましょう

くらし

図表3　免除区分ごとの算入期間

		免除要件	年金額計算に反映される期間	
			2009年3月以前の期間	2009年4月以降の期間
法定免除（全額）		障害基礎年金等の受給権者等	6分の2	8分の4
申請免除	全額免除	本人および同一世帯の者の前年の所得が所定の額以下等	6分の2	8分の4
	4分の3免除		6分の3	8分の5
	半額免除		6分の4	8分の6
	4分の1免除		6分の5	8分の7
	学生納付特例制度	学生である期間、学生本人の前年の所得が所定の額以下等	追納しなければ年金額への反映なし	
	若年者納付猶予制度	30歳未満の被保険者および配偶者の前年の所得が所定の額以下等（2016年7月からは、30歳未満が50歳未満に引上げ）	追納しなければ年金額への反映なし	

※免除された保険料は、年金の受け取り前であれば、10年を限度に遡って追納できます。

② 老齢厚生年金（厚生年金）

ア．どういう人が年金をもらえるの？

○65歳以上であること
○1ヵ月以上被保険者期間があること
○老齢基礎年金の受給資格期間が合計25年以上であること

イ．生年月日によっては65歳になる前からもらえるってホント？

　老齢厚生年金の支給開始年齢はすでに65歳に引き上げられていますが、経過措置として、女性は昭和21年4月2日〜昭和41年4月1日生まれの人、男性は昭和16年4月2日〜昭和36年4月1日生まれの人については、段階的に受給開始年齢を65歳に引き上げる手立てがなされています。この経過措置により、65歳よりも前に受け取る厚生年金を特別支給の老齢厚生年金といいます〔図表4〕。

図表4　特別支給の老齢厚生年金の生年月日別支給開始時期

生年月日		特別支給の老齢厚生年金	
男性	女性	定額部分	報酬比例部分
～S16.4.1	～S21.4.1	60歳	60歳
S16.4.2～S18.4.1	S21.4.2～S23.4.1	61歳	
S18.4.2～S20.4.1	S23.4.2～S25.4.1	62歳	
S20.4.2～S22.4.1	S25.4.2～S27.4.1	63歳	
S22.4.2～S24.4.1	S27.4.2～S29.4.1	64歳	
S24.4.2～S28.4.1	S29.4.2～S33.4.1	支給されない	60歳
S28.4.2～S30.4.1	S33.4.2～S35.4.1		61歳
S30.4.2～S32.4.1	S35.4.2～S37.4.1		62歳
S32.4.2～S34.4.1	S37.4.2～S39.4.1		63歳
S34.4.2～S36.4.1	S39.4.2～S41.4.1		64歳
S36.4.2～	S41.4.2～		支給されない

ウ．年金額はどうやって計算されるの？

2003年4月から、保険料算定のための標準報酬に賞与を含めて計算することになりました（総報酬制）。このため、年金額は2003年4月の前後で分けて計算し合算します（①＋②）。

老齢厚生年金の計算式

老齢厚生年金＝①＋②

① 平均標準報酬月額[※1] × $\dfrac{7.125}{1000}$ × 2003年3月以前の被保険者月数[※4]

② 平均標準報酬額[※2] × $\dfrac{5.481}{1000}$ × 2003年4月以後の被保険者月数[※4]

※1 【平均標準報酬月額】
「報酬月額」とは、毎月の基本給に、役付手当、通勤手当、残業手当などの各種手当を加えたものです。「標準報酬月額」とは、報酬月額を1等級（9万8千円）から30等級（62万円）までに区分したものです。「平均標準報酬月額」とは、2003年3月以前の被保険者期間中の標準報酬月額を平均した額です。

※2 【平均標準報酬額】
2003年4月以後の被保険者期間中の標準報酬月額と標準賞与額（※3）の年間分を合算して、さらに月額換算したものです。

※3 【標準賞与額】
賞与とは、いかなる名称であるかを問わず、労働の対価として受けるすべてのもののうち、3ヵ月を超える期間ごとに受けるもののことであり、賞与額の1,000円未満を切り捨てた額を「標準賞与額」とします。標準賞与額の上限は150万円です。

※4 【被保険者月数】
厚生年金に加入していた期間の月数

※5 自身の標準報酬月額や被保険者月数等は、毎年誕生月に送られてくる「ねんきん定期便」で確認できます。

公的年金制度の仕組みを知りましょう

老齢厚生年金の計算式（例）

60歳までの40年間（480月）厚生年金に加入。そのうちの30年間（360月）は2003年3月以前、残りの10年間（120月）は2003年4月以降である場合。

【標準報酬】
・2003年3月以前の平均標準報酬月額：36万円
・2003年4月以降の平均標準報酬額　：50万円

前述の計算式にあてはめると・・・

① 36万円 × $\dfrac{7.125}{1000}$ × 360月 ＝ 92万3,400円

② 50万円 × $\dfrac{5.481}{1000}$ × 120月 ＝ 32万8,860円

合計　①＋② ＝ 125万2,260円

公的年金制度の最近の動向は？

① 共済年金と厚生年金がひとつに

　被用者年金（公的年金の2階部分）は、会社員等が加入する厚生年金と公務員等が加入する共済年金に分かれていましたが、年金財政の安定性を高め、公平性を確保するために、2015年10月から厚生年金に統一されました。具体的には、公務員および私学教職員の保険料率や給付内容等を厚生年金に揃え、共済年金の3階部分（職域部分）が廃止されました。

　職域部分の代替的な措置として、民間の企業年金的な位置づけとなる「年金払い退職給付」が創設されています。

　また、一元化に先行して官民格差の解消を目的として、公務員等の「退職手当水準の引下げ」も実施されています。

② 短時間労働者に対する厚生年金の適用拡大〔2016年10月実施〕

　現在パートタイマーなどの短時間労働者のうち、主に自分の収入で暮らしている人の割合は約3割に達しており、若年層の非正規労働者の約4割が正社員への転換を希望しています(注)。

　非正規労働者も被用者としての社会保障の体系に組み入れることによって、低所得・低年金者の年金額を引き上げる必要性は高いといえます。このような状況から、2016年10月よりパートタイマーなど短時間労働者に対する厚生年金の適用範囲が拡大されます。

　厚生年金は株式会社などの法人であれば適用事業所となります。また、個人の事業所でも従業員が常時5人以上いれば適用事業所となります。現行では適用事業所での労働時間が正社員の4分の3（週30時間）以上の人が厚生年金の被保険者として適用されますが、その範囲が次のとおり拡大されます。

(注) 厚生労働省「平成23年パートタイム労働者総合実態調査（個人調査）の概況」

現行
週30時間以上

→ 2016年10月から新たに適用される範囲
①週20時間以上
②月額賃金8.8万円以上（年収106万円以上）
③勤務期間1年以上
④学生は適用除外
⑤従業員501人以上の企業※

※⑤を満たさない事業所は労使の合意による任意での適用拡大が検討されています。

公的年金制度の仕組みを知りましょう

　多くの人にとって、老後の収入の中心となるのが公的年金です。「公的年金」の仕組みについて、よく理解しておきましょう。

　夫が会社員で妻が専業主婦の場合、妻は公的年金の第3号被保険者で国民年金（公的年金の1階部分）のみに加入しており、65歳から老齢基礎年金を受け取れます。夫は、第2号被保険者で国民年金と厚生年金（公的年金の2階部分）に加入しているため、65歳から老齢基礎年金と老齢厚生年金を受け取れます。

　通常、図表1のイメージ図で1階から2階、さらに2階から3階へと上がるにつれて老後の収入は多くなっていきます。

　したがって、たとえば、会社勤めの人なら自分の会社の3階部分の企業年金や退職金の特徴について理解し、退職時に期待できる金額を把握しておくことが大切です。そのうえで、公的年金と合わせても自分の望む老後生活に必要な資金額にまだ届かない部分については、貯蓄や個人年金保険などの別の方法で早い時期から計画的に準備を始めることが大切です。

　また、自営業の人など1階部分の国民年金しか受け取れない場合は、2階、3階にあたる部分を自助努力で積み立てていく必要があります。その際、国民年金基金などを利用することも有効な選択肢です。

10 ねんきん定期便、離婚時の分割

自分の年金加入状況や将来受け取れる年金額を知りたい場合には、どうすればいいのかしら。
また、夫婦仲がしっくりしていません。夫の年金を妻のほうに移せると聞いたのですが、どのような仕組みなの？

　セカンドライフの生活設計においては、自分の年金加入状況を把握することがとても重要です。毎年誕生月に送られてくる「ねんきん定期便」は必ず確認して、現在の自分の加入状況を把握しましょう。

 「ねんきん定期便」ってなに？

　「ねんきん定期便」は、公的年金制度のこれまでの加入期間や保険料納付実績などを定期的に確認してもらうことを目的に、日本年金機構より毎年加入者全員に個人の誕生月に送付されています。受け取ったら、加入実績に漏れや間違いがないか、しっかり確認してください。

 「ねんきん定期便」って年齢によって中身が違うの？

　「ねんきん定期便」には、封書で送られてくるものとハガキで送られてくるものの2種類があります。
　封書が送付されるのは節目年齢（35歳・45歳・59歳）の人が対象で、それ以外の人にはハガキで送られてきます。封書で送られてくるものは、加入履歴や保険料納付状況等についてより詳細に記載されています。
　また、50歳以上の人には制度に引き続き加入したときの将来の年金見込額が、50歳未満の人にはそれまでの加入実績に基づいた年金額が記載されています〔図表1〕。

公的年金制度の仕組みを知りましょう

図表1　ねんきん定期便の記載事項

記載事項	ハガキ（節目年齢以外の人）		封書（節目年齢）	
	50歳未満	50歳以上	35歳・45歳	59歳
①これまでの年金加入期間	○	○	○	○
②これまでの加入実績に応じた年金額	○	×	○	×
③将来の老齢年金の見込額	×	○	×	○
④これまでの保険料納付額	○	○	○	○
⑤最近の標準報酬月額と保険料納付額等の月別状況（標準報酬月額は厚生年金加入者）	○	○	○	○
⑥これまでの標準報酬月額と保険料納付額等の月別状況（標準報酬月額は厚生年金加入者）	×	×	○	○

【ねんきんネット】（日本年金機構のホームページで簡単登録）
　「ねんきん定期便」は年１回ですが、「ねんきんネット」では毎月更新された個人の記録をいつでも確認できます。
　また、年金額の試算や追納・後納に関する情報も確認できます。
　「ねんきん定期便」に記載されているアクセスキーと年金手帳等に記載されている基礎年金番号が手もとにあれば、すぐに登録・利用することができます。

「ねんきん定期便」の見方のポイントは？

　図表２は、50歳以上の人に送られてくるハガキの「ねんきん定期便」です。将来の年金見込額は、「２.老齢年金の見込額」に記載されています。この年金額は、現在の加入条件で継続して加入したものと仮定した見込額です。

● 図表2　ねんきん定期便の見方（50歳以上のハガキ版）

「これまでの年金加入期間」
※年金制度ごとの加入期間が記載されているため、これまでの職歴などと照らし合わせながら確認しましょう。

「受給資格期間」
※年金を受け取るためには、この欄が300月以上（25年以上）になることが必要です。

| 照会番号 | | お問い合わせの際は、この番号をお知らせください。 |

この「ねんきん定期便」は、平成　年　月　日に作成しており、平成　年　月までの年金加入記録を表示しています。
この「ねんきん定期便」には共済組合の加入記録を反映していません。共済組合の加入記録については、各共済組合にお問い合わせください。

1．これまでの年金加入期間（老齢年金の受け取りには、原則として300月以上の受給資格期間が必要です。）

国民年金（a）			厚生年金保険	船員保険	年金加入期間 合計	合算対象期間等	受給資格期間
第1号被保険者（未納月数を除く）	第3号被保険者	国民年金 計（未納月数を除く）	(b)	(c)	(a＋b＋c)	(d)	(a＋b＋c＋d)
月	月	月	月	月	月	月	月

・「第1号被保険者（未納期間を除く）」欄には、この「ねんきん定期便」の作成年月日以降の国民年金保険料の前納期間の月数も含めて表示しています。
・（d）には、「国民年金の任意加入期間のうち保険料を納めていない期間（任意加入未納期間）」および「特定期間」の合計月数を表示しています。
　この任意加入未納期間の月数は参考であり、年金を請求するときに書類による確認が必要です。

2．老齢年金の見込額（ご自身の加入状況の変化や毎年の経済の動向など様々な要因により変化します。あくまで参考としてください。）

年金を受給できる年齢		歳〜	歳〜	歳〜
1年間の受給見込額	国民年金			老齢基礎年金　　円
	厚生年金保険	特別支給の老齢厚生年金（報酬比例部分）　円	特別支給の老齢厚生年金（報酬比例部分）　円（定額部分）　円	老齢厚生年金（報酬比例部分）　円（経過的加算部分）　円
年金額（1年間の受給見込額）		円	円	円

・老齢年金の見込額は、現在の加入条件で60歳まで継続して加入したものと仮定して計算しています。
・受給資格期間が300月に達していない場合や特定期間を有している場合などは、老齢年金の見込額が表示されません。お近くの年金事務所にお問い合わせください。

60代前半の特別支給の老齢厚生年金の見込額
※受給対象者は、開始年齢と見込額が記載されます。
※現在の加入条件で継続して加入したものと仮定した見込額です。

将来の老齢年金の見込額
※現在の加入条件で継続して加入したものと仮定した見込額です。

50歳未満の人は、ここの箇所が見込額ではなく、それまでの実績に応じた年金額が記載されます。枠組みは下図のようになっています。

2．これまでの加入実績に応じた年金額（年額）

（1）これまでの加入実績に応じた老齢基礎年金額	円
（2）これまでの加入実績に応じた老齢厚生年金額	円
これまでの加入実績に応じた年金額【（1）＋（2）】	円

出典：日本年金機構ホームページをもとに作成

公的年金制度の仕組みを知りましょう

離婚した場合、年金を分割できるの？

2007年4月以降の離婚であれば、婚姻期間中の厚生年金の保険料納付記録を分割することができます。この仕組みを「離婚分割」といいます。離婚分割には、分割割合を双方の合意で決める「合意分割」と、一方からの請求のみで半分に分割できる「3号分割」とがあります。

① 合意分割って？

離婚分割は、2007年4月以降の離婚において、婚姻期間の夫婦の厚生年金の保険料納付記録を分割する制度です。

たとえば、夫が会社員で妻が専業主婦の場合は夫の厚生年金の納付記録を分割、夫婦ともに会社員の場合は2人の保険料納付記録を分割します。合意分割の分割割合は、婚姻期間中の納付記録の半分を限度とするため、専業主婦だった妻や共働きだった場合の収入の低いほうは、必ずしも厚生年金を半分もらえるわけではありません。合意分割は、お互いの同意を得て離婚後2年以内に分割割合を請求しますが、合意が得られなければ一方の求めによって裁判所が分割割合を決定します〔図表3〕。

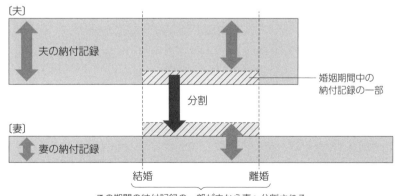

図表3　合意分割のイメージ
（夫婦ともに会社員で夫から妻に分割する場合）

63

② 3号分割って？

　離婚分割は、2008年4月以降の第3号被保険者（専業主婦等）だった期間に限り、双方の合意を必要とせず、第3号被保険者の請求のみで2分の1に分割ができます。これを「3号分割」といいます〔図表4〕。
　2008年4月以降の婚姻期間であっても、第3号被保険者以外だった場合は①の合意分割の対象となります。合意分割と同様、請求期限は離婚後2年以内です。

● 図表4　3号分割のイメージ（妻が専業主婦の場合）

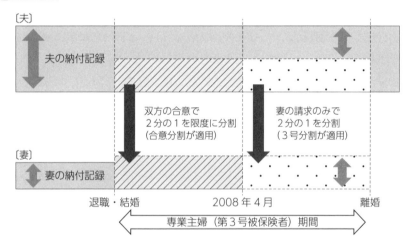

公的年金制度の仕組みを知りましょう

くらし

　毎年送られてくる「ねんきん定期便」で、自分の公的年金の加入状況を確認できます。

　50歳以上の人に送られてくる「ねんきん定期便」には将来の年金見込額が記載してあり、50歳未満の人には現在までの加入実績に基づいた年金額が記載してあります。自分の「ねんきん定期便」を確認してみましょう。

　離婚した場合、婚姻期間中の厚生年金の保険料納付記録は2分の1を上限に分割することができます。

　分割割合は、双方の合意もしくは裁判所が決定しますが、2008年4月以降の第3号被保険者期間に限り、合意を必要とせず第3号被保険者の請求のみで2分の1を分割できます。2008年4月以降の婚姻期間であっても、第3号被保険者以外だった場合は合意分割の対象となります。

11 年金額を増やす方法

将来、公的年金が減るというニュースをよく聞くのですが、老後資金を増やす方法があれば教えてください。

　2015年4月、少子高齢化による厳しい国家財政の状況をふまえ、世代間の公平性を保つための仕組み「マクロ経済スライド」による年金額の見直しが初めて実施されました。

　「マクロ経済スライド」とは、現役人口の減少や平均余命の延びなどに合わせて年金額を調整する仕組みです。年金額は物価や賃金の上昇幅を反映させることになっていますが、マクロ経済スライドにより、受け取れる年金額は今後も物価や賃金の上昇幅よりも低い上昇幅に抑えられていくことが予測されます。

　それらをふまえ、公的年金額を増やす工夫や、60歳以降も働いて収入自体を増やすことなどを検討してみましょう。

 公的年金が減るっていうけど、どういうこと？

　公的年金額は、物価や賃金の伸びに応じて毎年改定され、実質的な価値が保たれる仕組みになっています。

　たとえば、物価の上昇が1.5％であれば年金額も1.5％の増額、物価の下落が1.5％であれば年金額も1.5％の減額といったように物価や賃金の変動と年金額の増減が連動する仕組みです。

　マクロ経済スライドは、その物価や賃金の伸びよりも年金額の上昇を抑える仕組みになっています。抑制水準は、現状では0.9％程度とされています。つまり、物価（または賃金）の伸びが＋1.5％だった場合、今まででであれば年金額も1.5％の増額だったところを、1.5％－0.9％＝0.6％の増額に抑えるということです〔図表1〕。

公的年金制度の仕組みを知りましょう

図表1　マクロ経済スライドの仕組み

物価（または賃金）が1.5％上昇した場合は…

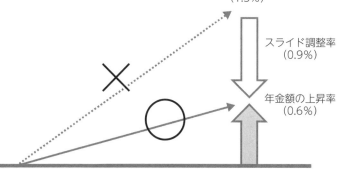

マクロ経済スライド（0.9％）が適用され、
年金額は0.6％の上昇にとどまります。

出典：日本年金機構ホームページをもとに作成

年金の受取開始年齢を遅くして年金額を増やす方法って？

　65歳から受け取れる老齢基礎年金および老齢厚生年金は、受取開始時期を66〜70歳に遅らせることによって年金額を増やすことができます。この制度を「繰下げ支給」といいます。繰下げ支給は、老齢厚生年金と老齢基礎年金を両方セットで繰下げるだけでなく、いずれか一方のみの繰下げも可能です。増額率は1ヵ月繰り下げるごとに0.7％（1年で0.7％×12ヵ月＝8.4％増額）で計算され、繰下げ月数は60月（5年）が上限で増額率は最大で42％（0.7％×60月）です〔図表2〕。なお、60代前半からの特別支給の老齢厚生年金については、繰下げ支給の対象とはなりません。

図表2　繰下げ支給の支給開始年齢と受給率

(％)

66歳	67歳	68歳	69歳	70歳
108.4	116.8	125.2	133.6	142.0

※1941年4月2日以後に生まれた人の場合

【参考】繰上げ支給

　年金を早め（60～64歳）に受け取ることができる「繰上げ支給」もありますが、この場合には年金額が減額されることに注意が必要です。

　また、老齢厚生年金がある場合に繰上げ支給を行うには、老齢基礎年金と同時に繰上げ支給となります。減額率は1ヵ月繰り上げるごとに0.5％（1年で、0.5％×12ヵ月＝6.0％の減額）で、繰上げ月数は60月（5年）が上限で減額率は最大で30％（0.5％×60月）です。

　なお、60代前半からの特別支給の老齢厚生年金については、繰上げ支給の対象となります。

■ 図表3　繰上げ支給の受取開始年齢と受給率　　　　　　（％）

60歳	61歳	62歳	63歳	64歳
70.0	76.0	82.0	88.0	94.0

※1941年4月2日以後に生まれた人の場合

60歳以降も働いて全体の収入を増やす方法って？

　60歳以降も会社で働き続ければ、その期間の収入が増えるだけでなく、厚生年金の被保険者期間が長くなりますので、退職後に受け取れる年金額も増えます。

　在職していると調整される年金を「在職老齢年金」といいます。年金月額と働いて得る収入（月額相当換算額）との合算額が一定額以下であれば本来の年金額が全額受け取れます。これは再就職などで収入が低下した場合に年金を支給することで老後生活を支えようとするものです。

　しかし、この合算額が一定額以上であれば本来の年金額よりも減額されることがあります。調整の対象になるのは老齢厚生年金で、65歳以上の老齢基礎年金部分は減額されません。

　在職老齢年金の具体的な条件と計算式は、次のとおりです。

公的年金制度の仕組みを知りましょう

【60歳以上65歳未満の場合】

① 「基本月額(注1)＋総報酬月額相当額(注2)≦28万円」の場合

年金は支給停止されずに全額支給されます。

(注1) 基本月額：報酬比例部分＋定額部分
(注2) 総報酬月額相当額：その月の標準報酬月額 ＋ その月以前1年間の賞与額を12で割った金額

② 「基本月額＋総報酬月額相当額＞28万円」の場合

年金の支給停止額は次の計算式で算出されます。

基本月額	総報酬月額相当額	年金の支給停止額（月額）
28万円以下	47万円以下	（基本月額＋総報酬月額相当額－28万円）÷2
	47万円超	（47万円＋基本月額－28万円）÷2＋総報酬月額相当額－47万円
28万円超	47万円以下	総報酬月額相当額÷2
	47万円超	47万円÷2＋総報酬月額相当額－47万円

在職老齢年金額の計算例①（60歳以上65歳未満の場合）

（月給22万円、賞与30万円が年2回、本来受け取れる基本月額が10万円の場合）

① 総報酬月額相当額（賞与を含めた1年間の平均給与）を求めます。

総報酬月額相当額＝22万円＋30万円×2回÷12ヵ月＝27万円（月平均の給与）

② 前述の計算式にあてはめ、支給停止額を求めます。

支給停止額＝（10万円＋27万円－28万円）÷2＝4.5万円

③ 本来受け取れる基本月額から支給停止額を差し引いて、実際に受け取れる在職老齢年金の金額が計算されます。

在職老齢年金＝10万円－4.5万円＝5.5万円

【65歳以上の場合】

① 「基本月額＋総報酬月額相当額≦47万円」の場合

年金は支給停止されずに全額支給されます。

② 「基本月額＋総報酬月額相当額＞47万円」の場合

年金の支給停止額は次のとおりです。

基本月額＋総報酬月額相当額	年金の支給停止額（月額）
47万円超	（基本月額＋総報酬月額相当額－47万円）÷2

> **在職老齢年金額の計算例②（65歳以上の場合）**
>
> （月給18万円、賞与12万円が年2回、本来受け取れる基本月額が16万円の場合）
> ①総報酬月額相当額（賞与を含めた1年間の平均給与）
> 　総報酬月額相当額＝18万円＋12万円×2回÷12ヵ月＝20万円（月平均の給与）
> ②16万円＋20万円≦47万円のため、年金は支給停止されずに全額支給されます。

付加年金を利用して年金額を上乗せする

　付加年金は、国民年金の第1号被保険者と、65歳未満の任意加入被保険者(注3)だけに認められている仕組みです。

　月額保険料は400円で、国民年金の保険料に追加して納付でき、次の計算式で算出された年金額が将来老齢基礎年金に上乗せされます。

付加年金額＝200円×付加保険料納付月数

（注3）任意加入被保険者：日本国内居住の60歳以上65歳未満の人が、老齢基礎年金の原則25年の受給資格期間を満たしていない場合や、期間を満たしていても満額の年金を受けられない場合など一定の場合に、国民年金に任意で加入することができます。

　老後資金を増やす方法としては、年金受取開始時期の繰下げや、公的年金を受け取りながら60歳以降も会社で働き続ける方法などがあります。

　家族でセカンドライフの資金計画や受取年金額を十分に見積もり、よく相談して、そのうえで年金の受取開始時期や働き方を決めることが大切です。

公的年金制度の仕組みを知りましょう

12 公的年金のライフコース別受取額

将来どのくらいの公的年金がもらえるのかしら。

　公的年金は、加入期間・働き方・収入額・世帯構造等によって受取額が大きく異なります。また、公的年金の受取額は、物価や賃金に連動する仕組みです。このため、将来の経済状況などによっても変わってきます。
　これから紹介するケースは、あくまでも参考値として理解してください。
　本章では、厚生労働省が行った「平成26年公的年金の財政検証」での経済シナリオ(注1)をもとに、4つのケースで年金受取額を試算しました。
　自分で準備が必要なセカンドライフ資金のシミュレーションはQ6に掲載していますので確認してください。
　なお、基準となる現在の年金額はいずれも2014年度価額とし、将来の年金額は2014年度の物価で割り戻した年金額としています。

(注1) 厚生労働省は、公的年金の財政検証を5年に1度行っています。2014年には、長期的な将来の経済シナリオを想定して財政検証を行いました。このシナリオは、経済成長率の高い順にA～Hまでの8ケースがあり、本章では5番目に位置するケースEの数値をもとに試算しました。

 ケース① ～夫が会社員、妻が専業主婦の場合～

① 夫婦ともに65歳以上の年金月額ってどのくらい？

　夫が平均的収入（平均標準報酬(注2) 42.8万円）で40年間（480ヵ月）就業し、妻がその期間（480ヵ月）すべて専業主婦であり、現在、夫婦ともに65歳以上の場合、標準的な年金月額は夫婦合計で21.8万円とされています。年金月額の内訳は次表のとおりです。

夫婦の受取額（月額）	
夫の老齢基礎年金	6.4万円
夫の老齢厚生年金	9万円
夫の合計受取額	15.4万円
妻の老齢基礎年金	6.4万円
妻の合計受取額	6.4万円
夫婦の合計受取額	21.8万円

※合計受取額は万円単位で小数点第二位を四捨五入した値

(注2)「平均標準報酬」とは、被保険者期間中の標準報酬月額と標準賞与額を合算して月額換算したものです。自身の標準報酬月額と標準賞与額は、毎年の誕生月に送付される「ねんきん定期便」で確認することができます。
「報酬月額」とは、基本給のほか、役付手当、通勤手当、残業手当などの各種手当を加えたものです。
「標準報酬月額」とは報酬月額を1等級（9万8千円）から30等級（62万円）までに区分したものです。
賞与とは、いかなる名称であるかを問わず、労働の対価として受けるすべてのもののうち、3ヵ月を超える期間ごとに受けるもののことであり、賞与額の1,000円未満を切り捨てた額を「標準賞与額」とします。標準賞与額の上限は150万円です。

② 妻が3歳年下の場合、夫65歳以降の夫婦の年金総受取額はどのくらい？

ア．夫婦の年金総受取額は？

妻が3歳年下、夫死亡は83歳（夫65歳時の平均余命）とした場合、夫婦2人とも生きているうちの年金総受取額は、4,420万円となります。

夫の総受取額
3,340万円
妻の総受取額
1,080万円
合計 4,420万円

※1 総受取額は、2014年度の物価で割り戻した各年の年金額（厚生労働省「平成26年財政検証」より）を合計したもの
※2 夫の寿命は、夫65歳時の平均余命（19年）（厚生労働省「平成26年簡易生命表」より）
※3 2014年度に夫65歳、妻62歳と設定しています。
※4 厚生年金を受け取る場合は、夫の年金受取開始以降、妻が65歳になるまで受け取れる加給年金があります。2014年現在の加給年金額は夫が1943年4月2日以降生まれであれば386,400円。上記総受取額には、妻が65歳になるまでの3年間合計の1,159,200円（386,400円×3年）が上乗せされています。
以上、※1～4は、該当する他のケースでも同様

公的年金制度の仕組みを知りましょう

イ．夫が亡くなった後の妻の年金総受取額は？

夫死亡後に妻が受け取る年金額を試算します。夫が死亡し妻1人での生活が始まるのを19年後とし、経済シナリオEにおける19年後の年金水準をもとに試算します。

夫死亡後に妻が受け取り始める年金の受取額は11.5万円となり、内訳は右表のとおりです。

妻の受取額（月額）	
妻の老齢基礎年金	5.2万円
遺族厚生年金	6.2万円
妻の合計受取額	11.5万円

※合計受取額は、万円単位で小数点第二位を四捨五入した値

夫死亡時の妻の年齢（80歳）の平均余命（91歳）(注3)まで妻が生きたと想定すると、妻1人の期間の年金総受取額は1,553万円となります。

(注3) 妻の寿命は、夫死亡時の妻の年齢（80歳）における平均余命（11年）（厚生労働省「平成26年簡易生命表」より）（該当する他のケースでも同様）

ウ．トータルでいくら？（ア＋イ）

【年金総受取額】
夫婦2人の期間の総受取額（4,420万円）＋妻1人の期間の総受取額（1,553万円）＝5,973万円

※1 本シミュレーションでは65歳以降の受取額を計算していますが、生年月日によっては65歳になる前に特別支給の老齢厚生年金を受給できる場合があります。2015年度現在40歳以上60歳未満の年齢層では、生年月日が1956年4月2日～1961年4月1日の男性は、本シミュレーションの前提では合計324万円～108万円、1956年4月2日～1966年4月1日の女性は、同様に合計378万円～75.6万円を、65歳になる前に特別支給の老齢厚生年金として受け取ることができます。厚生年金を受け取る後述のケース②、ケース④も同様です。

※2 本シミュレーションでは妻が夫より3歳下のため、妻が65歳になるまでの期間は加給年金を夫が受給できます。この加給年金の対象となる妻の生年月日によっては、妻が65歳に達してから加給年金の代わりに「振替加算」を妻が受給できる場合があります。2015年度現在40歳以上60歳未満の年齢層では、妻の生年月日が1956年4月2日～1966年4月1日の場合、年額4.45万円～1.49万円の「振替加算」を妻は自分の死亡時まで受給できます。この場合には、上記の年金総受取額にさらに上乗せされることになります。

※3 合計額は、万円単位で小数点第一位を四捨五入した値

ケース② ～夫婦ともに会社員の場合～

① 夫婦ともに65歳以上の年金月額ってどのくらい？

ケース①と同様に夫は平均的収入（平均標準報酬42.8万円）の会社員、妻は夫の7割の収入（平均標準報酬30万円）で会社員をしていたと想定し、現在夫婦ともに65歳以上の場合、年金月額は夫婦合計で28.2万円と計算されます。年金月額の内訳は右表のとおりです。

夫婦の受取額（月額）	
夫の老齢基礎年金	6.4万円
夫の老齢厚生年金	9万円
夫の合計受取額	15.4万円
妻の老齢基礎年金	6.4万円
妻の老齢厚生年金	6.3万円
妻の合計受取額	12.7万円
夫婦の合計受取額	28.2万円

※合計受取額は、万円単位で小数点第二位を四捨五入した値

② 妻が3歳年下の場合、夫65歳以降の夫婦の年金総受取額はどのくらい？

ア．夫婦の年金総受取額は？

ケース①同様、妻が3歳年下、夫死亡は83歳とした場合、夫婦2人とも生きているうちの年金総受取額は、5,541万円となります。

夫の総受取額	3,340万円
妻の総受取額	2,201万円
合計	5,541万円

イ．夫が亡くなった後の妻の年金総受取額は？

ケース①同様、19年後の年金水準をもとに試算します。夫死亡後に妻が受け取り始める年金の受取額は月額12.3万円となり、内訳は右表のとおりです。

妻の受取額（月額）	
妻の老齢基礎年金	5.2万円
妻の老齢厚生年金	5.8万円
遺族厚生年金	1.2万円
妻の合計受取額	12.3万円

※合計受取額は、万円単位で小数点第二位を四捨五入した値

公的年金制度の仕組みを知りましょう

ケース①同様、夫の死亡時の妻の年齢（80歳）の平均余命(91歳)まで妻が生きたと想定すると、妻1人の期間の年金総受取額は1,671万円となります。

ウ．トータルでいくら？（ア＋イ）

【年金総受取額】 5,541万円＋1,671万円＝ 7,211万円

※合計額は、万円単位で小数点第一位を四捨五入した値

ケース③ ～夫婦ともに自営業の場合～

① 夫婦ともに65歳以上の年金月額ってどのくらい？

夫婦ともに自営業で、保険料納付済期間は40年間（480ヵ月）、現在夫婦ともに65歳以上の場合、年金月額は夫婦合計で満額の12.8万円となります。年金月額の内訳は右表のとおりです。

夫婦の受取額（月額）	
夫の老齢基礎年金	6.4万円
妻の老齢基礎年金	6.4万円
夫婦の合計受取額	12.8万円

※合計受取額は、万円単位で小数点第二位を四捨五入した値

② 妻が3歳年下の場合、夫65歳以降の夫婦の年金総受取額はどのくらい？

ア．夫婦の年金総受取額は？

ケース①②同様、妻が3歳年下、夫死亡は83歳とした場合、夫婦2人とも生きているうちの年金総受取額は、2,385万円となります。

夫の総受取額	1,305万円
妻の総受取額	1,080万円
合計	2,385万円

イ．夫が亡くなった後の妻の年金総受取額は？

ケース①②同様、19年後の年金水準をもとに試算します。妻1人の期間の年金受取額は5.2万円となります。

妻の受取額（月額）	
妻の老齢基礎年金	5.2万円
妻の合計受取額	5.2万円

※合計受取額は、万円単位で小数点第二位を四捨五入した値

ケース①②同様、夫死亡時の妻の年齢（80歳）の平均余命（91歳）まで妻が生きたと想定すると、妻1人の期間の年金総受取額は674万円となります。

ウ．トータルでいくら？（ア＋イ）

【年金総受取額】　　2,385万円＋674万円＝ 3,059万円

※合計額は、万円単位で小数点第一位を四捨五入した値

 ケース④　～独身の女性会社員の場合～

① 65歳以上の独身女性の年金月額ってどのくらい？

独身の女性会社員の場合、ケース②同様、収入を男性の7割（平均標準報酬30万円）と想定すると、独身女性の年金月額は合計で12.7万円と計算されます。年金月額の内訳は右表のとおりです。

独身女性の受取額（月額）	
老齢基礎年金	6.4万円
老齢厚生年金	6.3万円
合計受取額	12.7万円

※合計受取額は、万円単位で小数点第二位を四捨五入した値

② 独身女性の場合、65歳以降の年金総受取額はどのくらい？

本ケースにおける独身女性が受け取る年金総受取額は3,727万円となります。ただし、女性が65歳になってから91歳で亡くなるまでの27年間で計算しています（ケース①～③は、妻が62歳から計算しているので30年間）。

【年金総受取額】　　3,727万円

※合計額は、万円単位で小数点第一位を四捨五入した値

公的年金制度の仕組みを知りましょう

ケース別のまとめ

4つのケース	年金の種類		世帯の標準的な年金月額	総受取額
	女性が受け取る年金	男性が受け取る年金		
ケース① 夫：会社員 妻：専業主婦	老齢基礎年金 遺族厚生年金	老齢基礎年金 老齢厚生年金	21.8万円	5,973万円
ケース② 夫：会社員 妻：会社員	老齢基礎年金 老齢厚生年金 遺族厚生年金	老齢基礎年金 老齢厚生年金	28.2万円	7,211万円
ケース③ 夫：自営業 妻：自営業	老齢基礎年金	老齢基礎年金	12.8万円	3,059万円
ケース④ 独身の 女性会社員	老齢基礎年金 老齢厚生年金	ー	12.7万円	3,727万円

A　公的年金は、働き方や加入期間等により受取額が大きく異なってきます。自営業であれば老齢基礎年金のみの受け取りですが、会社員であれば老齢基礎年金に加え老齢厚生年金も受け取れます。

「ねんきん定期便」で、公的年金の支給予定額を確認してください。

13 企業年金

> 企業年金ってよくわからないのだけど、知っておくとよいポイントってなにかしら。

日本の年金制度はよく「3階建ての年金制度」といわれます。

1階部分に相当するのが国民年金（基礎年金）、2階部分が厚生年金で、国が行っている公的年金です。

民間で、この公的年金にプラスして企業が独自に社員のために準備するものが「企業年金」で、これが3階部分に相当します。セカンドライフの資金準備として、勤め先の企業年金は重要です。

企業年金の概要や活用する際のポイントについて見ていきましょう。

 企業年金ってどのようなもの？

「企業年金」とは、企業が従業員の在職中に従業員の資格または職務などに応じて積立を行い、定年時までに積み立てられた原資をもとに従業員の退職後に「年金」として支払うものです。

主なものに「確定給付企業年金」「企業型確定拠出年金」「厚生年金基金」「中小企業退職金共済」があります。自分や夫が加入している制度とおおよその受給金額を把握しておくことが大切です。

① 確定給付企業年金

確定給付企業年金は、企業が「退職金・年金規定」で資格または職務などにより年金額を定め、必要な積立を行い、年金を支払う制度です。

② 企業型確定拠出年金

企業型確定拠出年金は、従業員の資格または職務などに応じた拠出金を

個人ごとに区分して積み立て、当該従業員の退職時（60歳以降）までに積み立てられた拠出金とその運用益との合計額をもとに年金額が決定し、年金が支払われる年金制度です。年金額は、個人ごとの運用結果により増減します。

拠出額の上限は、他の企業年金を採用していない場合は月額55,000円、他の企業年金を採用している場合は月額27,500円です。

企業による拠出に加え、従業員が上乗せて積立できるマッチング拠出制を採用する企業も増加しています。

③ 厚生年金基金

厚生年金基金は、企業や業界団体等が設立する法人で、国の公的年金給付のうち老齢厚生年金の一部を代行するとともに、厚生年金基金独自の上乗せを行い、年金資産を管理・運用して年金を支払う制度です。

また、代行部分を国に返し（代行返上）、確定給付企業年金や企業型確定拠出年金へ移行することも認められています。

しかし、運用難による財政の悪化等により、財政が良好な基金を除き、2014年から10年以内に原則解散される予定であり、基金数は減少しています（Q15参照）。

④ 中小企業退職金共済

中小企業退職金共済（中退共）は、中小企業のための国の退職金制度です。加入対象は、従業員300人以下（卸売・サービス業は100人以下、小売業は50人以下）などの中小企業です。

掛金は事業主負担のみで、月額5,000～30,000円までの16種類。短時間労働者（パートタイマー等）は、特例として月額2,000円、3,000円、4,000円のコースもあります。

国の助成として、新規に中退共に加入する事業主には掛金月額の2分の1（従業員ごと上限5,000円）の助成が加入後4ヵ月目から1年間あります。

企業年金の活用のポイントは？

① 確定給付企業年金

確定給付企業年金は、受取期間がポイントです。

一般的に、「保証期間付の終身受取タイプ（保証期間は15年・20年など）」と「有期受取タイプ（10年・20年など）」があり、会社によっては「終身」と「有期」の組み合わせを選択可能としているケースや一時金で受け取り可能なケースなどがあります。

勤務する会社の制度を調べて老後生活設計に適した期間を選択してください。

受取期間や「一時金」の割合を選択できる場合には、住宅ローンの一括返済や住替え等の資金に応じた一時金の受取金額とし、長生きするリスクを考慮するなら終身タイプでの受け取りを選択するのが望ましいでしょう。

② 企業型確定拠出年金

確定拠出年金は、掛金・運用収益・年金受取時などに税制優遇があり、効率よく、老後資金の積立が可能です。

勤務する会社で、企業の拠出に加え、従業員も上乗せ拠出ができる「マッチング拠出」の制度がある場合や、企業の拠出はないものの給料の一部を従業員の希望により確定拠出年金に充てることができる制度がある場合には、生活資金の余裕に応じて積み立てることも老後の資産形成に活用できるでしょう。

ただし、基本的に60歳前に引出しできないことに留意してください。

③ 中小企業退職金共済

中小企業退職金共済は、掛金額の決定や運用などは会社裁量ですので、受取方法を一時金にするか分割払い（5年・10年）にするかがポイントです。

公的年金以外でセカンドライフの家計収入を補う方法について知っておきましょう

　企業年金にもいくつかの種類があり、代表的なものに、確定給付企業年金、企業型確定拠出年金、厚生年金基金、中小企業退職金共済があります。
　自分や夫が加入している制度とおおよその受給金額を把握しておくことが大切です。

 **14** 国民年金基金

うちは自営業なので、公的年金額が少ないのが悩みの種だわ。少しでも将来の年金を増やす工夫ができないものかしら。

 自営業者が年金額を増やす方法は？

　自営業の場合、会社員のように厚生年金がありません。将来受け取る公的年金額には不安を感じることも多いと思われます。少しでも年金額を増やす方法について考えてみましょう。
　自営業の場合、公的年金は、国民年金（基礎年金）のみです。
　たとえば、夫が自営業で妻が家族従業者の場合に、40年間国民年金に加入しても、年金額は夫婦合計で月額12.8万円です。
　自営業者は「定年がない」とはいえ、夫婦ともに65歳以上の高齢者世帯の支出は月額26.5万円（総務省「平成26年家計調査」）ですから、この年金額ではセカンドライフが必ずしも安心とはいえません。
　自助努力で少しでも年金額を増やす方法として、「付加年金」「国民年金基金」「個人型確定拠出年金」などがあります（個人型確定拠出年金については、Q16参照）。

付加年金

　付加年金は、国民年金保険料に付加保険料（月額400円）をプラスして納付することで、年金額を増やすものです。付加保険料は全額社会保険料控除の対象です。
　付加年金の年金額は「200円×付加保険料納付月数」となります。たとえば、付加保険料を40年間（480月）納付した場合には、96,000円分（＝200円×480月）の年金年額が増やせます。ただし、月額8,000円の増額です

公的年金以外でセカンドライフの家計収入を補う方法について知っておきましょう

ので、それほど大きな金額とはいえません〔図表1〕。

また、国民年金基金に加入している場合は、付加保険料を納付できない点に注意してください。

■ 図表1　付加年金のイメージ

国民年金基金

① 仕組み

年金を増やすうえで考えたい選択肢のひとつが「国民年金基金」です。

国民年金基金は、自営業者などが、基礎年金に加え、加入口数や給付の型を自らが選択して、老後の所得保障の充実を図ることを目的とした制度で、1991年に導入されました（Q9〔図表1〕参照）。

加入資格は、日本に住む20歳以上60歳未満の自営業者とその家族、自由業、学生などの国民年金の第1号被保険者です。また、日本国内居住の60歳以上65歳未満の人で国民年金の任意加入被保険者[注]も加入できます。

加入は口数制で年金額や給付の型は自由に選択できますし、加入後もライフスタイルに応じて自由に増減できます。

掛金の上限は、月額68,000円です。個人型確定拠出年金にも加入している場合は、合算して月額上限68,000円で、掛金は全額社会保険料控除の対象です。

また、受け取る場合も国民年金と同様に「公的年金等控除」の対象となり、税制上の優遇措置があります。

(注）日本国内居住の60歳以上65歳未満の人が、老齢基礎年金の原則25年の受給資格期間を満たしていない場合や、期間を満たしていても満額の年金を受けられない場合など一定の場合に、国民年金に任意で加入することができます。

〈どのくらいの節税メリットになるの？〉
○たとえば、課税所得金額400万円くらいで、国民年金基金の掛金が年額30万円の場合なら、所得税・住民税の合計で約9万円軽減され、国民年金基金の掛金は、実質約21万円となります。

出典：国民年金基金連合会パンフレット

② 年金タイプ（終身・確定）選びのポイントは

　1口目は、65歳支給開始の終身年金ですが、15年間保証付タイプ（A型）と保証期間なしタイプ（B型）があります。

　女性の長生きリスクを考えるならば、夫が年金受け取り前または保証期間中に亡くなった場合でも遺族に一時金が支給される保証期間付のA型を選択するのが望ましいでしょう。

　2口目以降は、7タイプから組み合わせて選択します。

　終身の2タイプ（65歳支給開始（保証期間なし／15年間保証付））、確定年金の5タイプ（65歳支給開始（10年／15年）、60歳支給開始（5年／10年／15年））がありますので、老後の生活設計にあわせて支給開始時期と支給期間を選択しましょう〔図表2〕。

公的年金以外でセカンドライフの家計収入を補う方法について知っておきましょう

図表2　国民年金基金の年金タイプ

2口目以降

7つのタイプから組み合わせて選択します

確定年金
- Ⅰ型　65〜80歳支給(15年間保証付)
- Ⅱ型　65〜75歳支給(10年間保証付)
- Ⅲ型　60〜75歳支給(15年間保証付)
- Ⅳ型　60〜70歳支給(10年間保証付)
- Ⅴ型　60〜65歳支給(5年間保証付)

終身年金
- A型　65歳支給開始（15年間保証付）
- B型　65歳支給開始（保証期間なし）

1口目

終身年金A型・B型いずれかを選択します
- A型　65歳支給開始（15年間保証付）⇒長生きリスク対応向き
- B型　65歳支給開始（保証期間なし）

〈ニーズ例〉
・国民年金等が支給される前のつなぎ年金として活用したい場合は、60歳支給開始タイプ
・長生きリスクに対応した場合は終身タイプ

付加年金、国民年金基金などの選択肢があります。

付加年金・国民年金基金の掛金は社会保険料控除が適用され、税制面でも有利です。

付加年金は、掛けられる金額が月額400円と小さいため、できるだけ多く準備をしたい場合には、国民年金基金が望ましいでしょう。

15 厚生年金基金

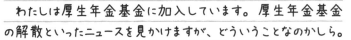

わたしは厚生年金基金に加入しています。厚生年金基金の解散といったニュースを見かけますが、どういうことなのかしら。

　ここ数年「厚生年金基金の解散」といったニュースや話題が取り上げられています。厚生年金基金に加入している場合、不安を感じることでしょう。厚生年金基金を取り巻く状況や今後の方向などについて解説します。

 厚生年金基金ってなに？

　厚生年金基金は、企業や業界団体等が厚生労働大臣の認可を受けて設立する法人で、国の公的年金給付のうち老齢厚生年金の一部を代行するとともに、厚生年金基金独自の上乗せを行い、年金資産を管理・運用して年金を支払う制度です。

　従業員の掛金は社会保険料控除の対象となるなど、公的年金と同様の税制上の優遇措置があります。

厚生年金基金をめぐる状況

① 運用環境の悪化などから基金数が大幅に減少

　厚生年金基金制度は、1996年のピーク時には1,883基金ありましたが、運用環境の悪化などで年金財政が厳しいことから解散する基金が増え、2015年9月時点で377基金にまで減少しています。

　現在も、国の老齢厚生年金の給付の一部を代行する「代行部分」について、基金の年金資産総額がその代行部分の給付に必要な額を割り込んでしまう「代行割れ」状態の基金も多い状況です。

公的年金以外でセカンドライフの家計収入を補う方法について知っておきましょう

② 基金制度は、今後、原則廃止に

2014年4月に「公的年金制度の健全性及び信頼性の確保のための厚生年金保険法等の一部を改正する法律」が施行され、2014年から10年間かけて厚生年金基金制度が原則廃止されることになりました。

年金財政が比較的健全で今後も存続できる基金を除き、解散や他の制度へ移行されるケースが多い見込みです。

③ 勤め先に厚生年金基金制度がある場合は、制度変更などを要チェック

自分や家族が加入している厚生年金基金が今後どのようになりそうか（なったのか）確認してください。

それまで厚生年金基金として積み立てた積立金を解散時点で受け取ったり、確定拠出年金や確定給付企業年金などの他の制度に移すなど、さまざまなケースがあります。他の制度に移す場合には、その制度内容も把握しておくことが必要です。

〈厚生年金基金の今後は？〉
○基金の今後の選択肢としては、各基金の代行部分に対する純資産額（時価）の積立状況に応じて、大まかに5つの対応策の選択肢が用意されています。

【厚生年金基金の対応策】

代行部分に対する 純資産額の積立状況	対応策
代行割れ	①特例解散 （自主解散・清算型解散）
代行割れ予備軍	②他の制度へ移行 ③通常解散または解散命令
健全な基金	④他の制度へ移行 ⑤存続

　年金財政が厳しい厚生年金基金が多く、国の老齢厚生年金の給付の一部を代行している「代行部分」について、「代行割れ」状態の基金も多くなりました。

　こうした状況から、2014年から10年間かけて厚生年金基金制度が原則廃止されることになり、解散やほかの制度への移行などの対応がされます。

　加入している厚生年金基金が今後どのようになりそうか（なったのか）確認してください。

　それまで厚生年金基金として積み立てられた積立金を解散時点で受け取ったり、ほかの制度に移されたりなどいくつかのケースがあります。

　確定拠出年金やほかの制度がスタートするような場合、その制度内容を把握することも必要です。

公的年金以外でセカンドライフの家計収入を補う方法について知っておきましょう

くらし

16 個人型の確定拠出年金

専業主婦でも入れるようになる、個人型の確定拠出年金というのがあるって聞いたけど。

専業主婦も個人型確定拠出年金を利用できるようになる

企業が行う企業型確定拠出年金は、個人ごとに区分して積み立てられた拠出金とその運用益との合計額をもとに年金が支払われます（Q13参照）。

企業型確定拠出年金と同様に税制優遇などのメリットがある個人型確定拠出年金は、現在は自営業者とその家族・自由業・学生等の第1号被保険者や企業年金制度のない会社員に加入が限られていました。

2017年1月以降に制度変更が予定されており、専業主婦・公務員・確定給付企業年金制度がある会社員も加入できるようになり、老後保障の選択

 図表1 主な個人型確定拠出年金の加入対象者と掛金上限額（予定）

区分	対象者	掛金上限／年額（月額）
現在加入できる人	①第1号被保険者※1 （自営業者とその家族・自由業※2・学生など）	81.6万円（6.8万円）※3
	②企業年金（確定拠出年金・確定給付企業年金・厚生年金基金）に加入していない第2号被保険者	27.6万円（2.3万円）
2017年1月以降新たに加入できる人	③第3号被保険者（専業主婦）	27.6万円（2.3万円）
	④公務員	14.4万円（1.2万円）
	⑤確定給付企業年金のみの加入者	14.4万円（1.2万円）

※1 国民年金保険料を納めていない人、国民年金保険料の納付免除者（一部免除者や学生納付特例対象者、若年者納付猶予対象者も含みます）は加入できません。
※2 自由業とは、開業医・弁護士・会計士・芸術家・芸能人・文筆業など。
※3 国民年金基金に加入している人は、国民年金基金と確定拠出年金の掛金合計で月額6.8万円限度。
　　国民年金の付加年金（掛金月額400円）に加入している人は、月額6.7万円が限度。

肢が広がることになります。

掛金の上限額は対象者区分ごと設定される予定です〔図表1〕。

税制面でかなり有利ですので、「運用を慎重に上手に行えば」という条件付きですが、60歳以降の生活資金準備に有効な選択肢となるでしょう〔図表2〕。

● 図表2　税制上のメリット

掛　金	小規模企業共済等掛金控除の対象で非課税（専業主婦は関係なし）
運用益	非課税
給付時	一時金は退職所得控除、年金は公的年金等控除の対象

加入するには、運営管理機関（銀行・証券会社・信託銀行・保険会社等）である金融機関を選び、その窓口で申し込みます。運営管理機関ごとに運用可能な商品ラインナップや手数料が異なります。よく調べて自分に合った運営管理機関を選びましょう。

女性が個人型確定拠出年金を検討・活用するに際してのポイント

① 活用を検討してみましょう

実際の活用は少し先になりますが、この制度も検討してみることをおすすめします〔図表3〕。

② リスク許容度をふまえた運用

個人型確定拠出年金では、掛金を運用する商品ラインナップには、投資信託などリスク（リターンのブレ幅のこと）が大きい商品もあります。したがって、60歳までの残りの期間や自分の投資経験なども勘案して運用スタンスを考える必要があります。

自分の状況で、安全確実に運用したほうがよいのか、ある程度ハイリスク運用してもよいのかといった「リスク許容度」をふまえた運用がとても大事です〔図表4〕。

公的年金以外でセカンドライフの家計収入を補う方法について知っておきましょう

くらし

図表3　検討の視点

区分	対象者	検討の視点等
現在加入できる人	①自営業者とその家族・自由業・学生などの人	掛金は「国民年金基金」と合わせて月額6.8万円限度となっています。掛金や給付時などの税制上のメリットは「国民年金基金」と差はありませんが、運用を上手に行えば国民年金基金よりも受給額が多くなることも期待できます。投資経験がある人には有効な選択肢です。
	②企業年金(確定拠出年金・確定給付企業年金・厚生年金基金)に加入していない第2号被保険者	勤め先に企業年金がない人にとって、老後の生活資金の上乗せとして有効な手段です。積極的に加入を検討してみましょう。
2017年1月以降、新たに加入できる人	③第3号被保険者（専業主婦）	専業主婦ですから掛金の非課税メリットはありませんが、運用益・給付時の税制メリットを活かせば、老後生活資金の上乗せとして有効です。
	④公務員	月額1.2万円限度と比較的少額ですが、公的年金や確定給付企業年金の上乗せとして有効です。限度いっぱい掛ける場合、掛金累計は20年で288万円、30年で432万円となります。
	⑤確定給付企業年金のみの加入者	

〈どのような商品で運用しているケースが多いのでしょう？〉
企業年金連合会の調査（2014年8月調査）によると、確定拠出年金の掛金の運用方法は、掛金ベースでは元本確保型（定期預金、年金商品）が57％、投資信託等が43％となっています。

● 図表4　リスク許容度の観点

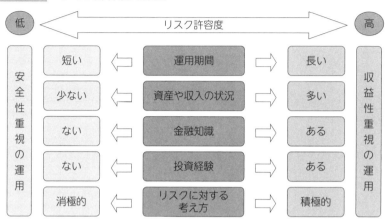

「個人型の確定拠出年金」は、現時点では加入対象が、自営業者とその家族、自由業、学生や企業年金に加入していない会社員に限られていますが、専業主婦、公務員や確定給付企業年金制度のある会社に勤める人も、2017年1月以降から加入できるようになります。

税制面でも有利ですし、投資などにも興味がある人は一度検討してみるとよいでしょう。

セカンドライフのための生命保険の活用方法を知りましょう

17 生命保険の活かし方

自分たち夫婦の老後のことは自分たちで行い、子どもたちにはなるべく迷惑をかけたくないし…。
どのように備えればいいかしら。

「やっと子どもたちも手を離れたし、これからはもう少しのんびりできるかしら」

しかし、のんびりする前にもう一仕事。ようやく自由な時間ができた今こそ、充実したセカンドライフを送るための大切な準備期間です。

長生きするのは喜ばしいことですが、その分、認知症の発症リスクや介護が発生する可能性も高まります。子どもからすると、将来的に親の面倒をみるかもしれないというのは、大きな不安のひとつといえます。ひとり暮らしで健康で介護の必要もなく、お金の管理もできるお年寄りも多いですが、高齢の親がいったん病気やケガをしたことで、働き盛りの子どもが仕事をやめざるをえないケースもあります。

「なるべく子どもの世話にならない」ために、今から何ができるのか、よく考えておきましょう。

 老後にはどんなお金がかかるのかな？

日本は世界でも有数の長寿国です。セカンドライフをすごす期間は、延びているのです。

長いセカンドライフを安心してすごすためには、どのような備えが必要でしょうか。これから夫婦2人で生きていくための生活資金はもちろんですが、女性のほうが男性よりも長生きすることが多いのですから、セカンドライフ特有のリスク（長期入院や介護）も合わせ考え、夫が亡くなった後の生活資金準備が重要となります。

ここでは「老後の備え・生活資金」「病気のリスクへの備え」について説明します。介護への備えとなる民間介護保険は介護編で解説します。

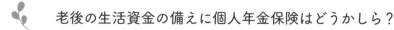

老後の生活資金の備えに個人年金保険はどうかしら？

高齢者世帯の資産保有状況を見ると、60代も70歳以上の世帯も平均で2,400万円台の金融資産を保有しています〔図表1〕。ただし、あくまでもこれは平均値です。中央値（上下から数えてちょうど真ん中の数字）は約1,500万円ですので、上下格差が大きい状況がうかがえます。

貯蓄残高の内訳を見ると、「預貯金」や「有価証券」のほかに「生命保険等」とあります。生命保険といってもいろいろな種類がありますが、長

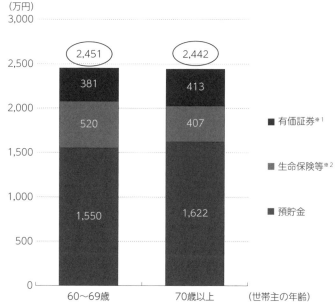

● 図表1　60歳以上世帯の貯蓄残高と内訳
（2人以上世帯。金融機関以外の資産は除く）

※1　有価証券は、株式（時価）、債券（額面）、投資信託（時価）など
※2　生命保険等は、貯蓄型保険・個人年金（加入してからの払込総額）など

出典：総務省「平成26年家計調査（貯蓄・負債編）」をもとに作成

セカンドライフのための生命保険の活用方法を知りましょう

生きリスクに対しては、「個人年金保険」での備えが有効です（死亡保険の必要性についてはＱ７参照）。

　個人年金の加入率は全年代平均で10％台とまだまだ低いですが、近年では女性の加入率が増加しており、男性の加入率を上回っています。男女ともに40〜50代での加入率が高く、老後資金準備の意識の高まる年齢層であることがわかります〔図表２〕。

■ 図表２　「個人年金保険の加入率（民保）（性・年代別）」

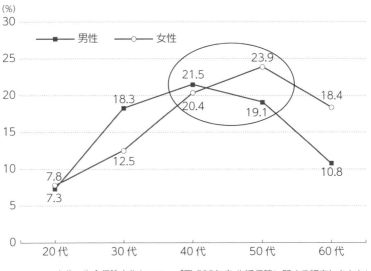

出典：生命保険文化センター「平成25年度 生活保障に関する調査」をもとに作成

　生命保険文化センターの調査によると、個人年金保険加入世帯における基本年金年額の世帯合計額（世帯主と配偶者の合計）は、平均で101.0万円（月額8.4万円）となっています。

　ただし、基本年金年額が72万円（月額６万円）未満の世帯が個人年金加入世帯の45.0％も占めています〔図表３〕。Ｑ７でもふれたとおり、老後世帯の赤字額は月額約６万円なので、十分な保障が準備できているとはいえません。

● 図表3　個人年金保険基本年金年額

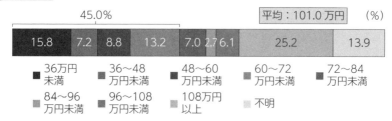

出典：生命保険文化センター「平成27年度 生命保険に関する全国実態調査（速報版）」をもとに作成

受け取れる期間はどれくらいが望ましいの？

　個人年金保険の受取期間は、期間を定めている有期年金の割合が高く、受取開始年齢は60歳が29％、受取期間は10年間が42.7％とそれぞれ最も多くなっています。一方、生きている間ずっともらえる終身年金は加入者の15.5％にとどまります〔図表4〕〔図表5〕。

　ただし、有期年金であっても受取開始時に終身年金に変更できる商品もあります。加入する際にしっかり確認してください。

　長生きする人が増えたことはとても喜ばしいことですが、想定以上に長生きした場合には貯蓄を使い果たしてしまうリスクが発生します。このような長生きリスクに備えるためには、受取期間の長期化や終身年金への加

● 図表4　個人年金保険の受取開始年齢（複数回答）

● 図表5　個人年金保険の受取期間（複数回答）

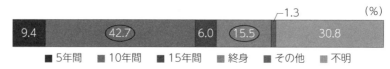

出典：(図表4、5) 生命保険文化センター「平成27年度 生命保険に関する全国実態調査（速報版）」をもとに作成

セカンドライフのための生命保険の活用方法を知りましょう

入・切り替えが有効です。特に、国民年金加入世帯は満額受給でも夫婦2人で月額12.8万円程度の年金ですので、現役時代から終身年金への加入を検討するなど老後に備えた自助努力が求められています。

病気のリスクへの備えも忘れずに！

　医療費への備えの状況はどうでしょうか。医療保険・医療特約の世帯加入率は、全年代で9割前後と高くなっています。がん保険（がん特約）についても加入率は増加傾向にあり、保険で備える意識が高いことがわかります〔図表6〕〔図表7〕。

図表6　医療保険・医療特約の世帯加入率

出典：生命保険文化センター「平成24年度 生命保険に関する全国実態調査」をもとに作成

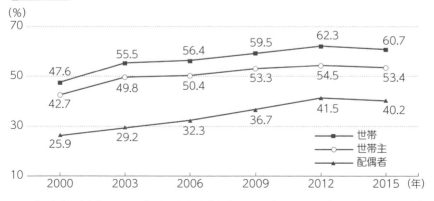

図表7　がん保険・がん特約の世帯加入率

出典：生命保険文化センター「平成27年度 生命保険に関する全国実態調査（速報版）」をもとに作成

公的医療保険制度の自己負担割合は年齢によって現在1～3割であり、また高額療養費制度もあります。民間医療保険への高い加入率が維持されれば、医療費によって家計が圧迫される可能性は低いと考えられます。
　しかし、治療方法によっては高額な医療費を患者が負担する可能性があることに注意が必要です。たとえば、「高度先進医療」で、これに該当する医療技術による治療の場合は全額自己負担となるため、治療内容によっては数百万円もの費用負担となります。
　2015年11月現在、先進医療技術に108種類が認定されています。費用が安い治療もありますが、がん治療に有効とされる「陽子線治療」「重粒子線治療」等の費用はとても高額となっています。将来、先進医療による治療を受ける可能性も考え、加入している保険に先進医療特約などを付加することを検討してみてはいかがでしょうか。

【民間医療保険の概要】
○日本で販売されている民間医療保険の多くは、一定の条件により、定額の金銭給付を行う商品が主流となっています。
○実際に発生した医療費（診療報酬点数）に応じて給付額を決定する医療保険もあります。
○金銭給付であるために給付金の使途には制限がなく、公的保険の一部負担や入院時の差額ベッド代など治療を受ける際に発生する経済的負担の補完や、病気療養中の一時的な所得減少を補うための所得補償の側面も持ち合わせています。

　老後の生活資金・長生きリスクへの対処として、個人年金保険への加入を検討してみましょう。すでに加入されている人も、受取期間の延長や終身年金への切り替えが可能か確認しましょう。
　また、医療費の備えとして、一般的な医療保険やがん保険への加入はもちろんですが、高額な自己負担となる可能性がある「先進医療」への備えもしておくと安心です。

相続税制改正のポイントや課税の対象などを確認しておきましょう

18 相続税について

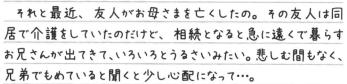

相続税の改正が新聞やテレビで話題になったけど、わが家は一般のサラリーマン家庭だし、親も資産家ではないから、相続税対策のことはあまり気にしなくてもいいわよね？

それと最近、友人がお母さまを亡くしたの。その友人は同居で介護をしていたのだけど、相続となると急に遠くで暮らすお兄さんが出てきて、いろいろとうるさいみたい。悲しむ間もなく、兄弟でもめていると聞くと少し心配になって…。

うちの場合は、わたしと妹は仲がいいし、特に問題にならないと思うんだけど。

相続時に、親族間でもめて、いわゆる「争族」になってしまうケースも増加傾向にあります。親や夫、はたまた自分が死んでしまったときのことなんて、とても考えられないかもしれませんが、万一のときに故人を悼む間もなく親族で争い合うのはとても悲しいことではないでしょうか。

2015年1月より、相続税の基礎控除が大幅に引き下げられました。これによって、今まで相続税とは無縁だと思っていた一般家庭でも相続税がかかってくる可能性が高くなりました。しかし、早めに対策をしておけば、相続税額を抑えたり、相続時のもめ事をなくすことができます。

ここでは、相続税改正のポイント、課税の対象や主な対策方法などを確認しておきましょう。

相続時のもめ事はお金持ちしか関係ない？ 「争族」の現状を見てみよう

2013年の親族間の遺産争いのうち、親族間の話し合いで決着がつかず、家庭裁判所まで持ち込まれた争いは全国でなんと約1万5千件もあります。

どれくらいの遺産額で争われているのかを見ると「1,000万円以下」が32%、「1,000万円〜5,000万円以下」が43%と、遺産額5,000万円以下で全体の75％を占めています〔図表1〕。多額の遺産の場合だけでなく、一般家庭でも相続時にもめてしまうケースが多いことがよくわかります。

●図表1　遺産をめぐる争いはどれくらいの金額で多いのか

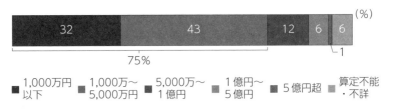

出典：裁判所「平成25年司法統計年報」をもとに作成

どれくらいお金があると相続税の課税対象になるの？

2015年１月より相続税の基礎控除が引き下げられましたが、一体どれくらいの資産があると課税対象になるのでしょうか。改正前と改正後を比べて考えてみましょう〔図表2〕。

●図表2　相続税の基礎控除額

	基礎控除額
改正前（〜2014年12月31日）	5,000万円＋（1,000万円×法定相続人の数）
現状（2015年１月１日〜）	3,000万円＋（600万円×法定相続人の数）

たとえば、父、母、長女、二女の４人家族で、父が亡くなったとします。そうすると、法定相続人は母、長女、二女の３人ですので、改正前は

基礎控除額 ＝ 5,000万円 ＋ 1,000万円 × 3人 ＝ 8,000万円

となり、父の遺産総額が8,000万円以下であれば、相続税はかかりませんでした。

相続税制改正のポイントや課税の対象などを確認しておきましょう

くらし

　住宅を所有していたとしても、多くの家庭では相続税がかからなくてすんだのではないでしょうか。しかし、改正により現状では

　　基礎控除額 ＝ 3,000万円 ＋ 600万円 × 3人 ＝ 4,800万円

となり、父の遺産総額が4,800万円を超えると、相続税がかかることになります。一般家庭でも住宅を所有していれば、その立地や評価額によっては相続税がかかってきてもおかしくない金額です。特に都市圏に住宅を所有している人や、そのほか、有価証券などを所有している家庭では、相続税がかかる可能性が高くなりました。今までは一般的な家庭だと相続税が課税されるケースは多くはありませんでしたが、これからは一度は真剣に相続税について考えておく必要があります。

　一般的な家庭の場合、夫婦のどちらかが先に亡くなる一次相続では、配偶者の税額控除制度(注)があるため、相続税が多額になることは少ないものと思われます。しかし、のこされた人が亡くなった場合の二次相続では、一般的には子どもたちによる相続となり、その分配、相続税額の負担など、もめることも多くなると思われます。

　親の相続、そして自分たちの相続と、突然来るかもしれない相続の発生を念頭に、将来の相続税額を減らしたり、親族間でのもめ事を防ぐために、家族で現在の資産状況等を整理・確認し、話し合いましょう。

　エンディングワークとして遺言を残すことも有効です。いくら親しい間柄でも伝えるべき事をきちんと伝えないと、話がこじれることがあるので注意が必要です。

(注) 配偶者控除。のこされた配偶者には「その配偶者にかかる税額から、正味の遺産の法定相続分か1億6,000万円のいずれか大きいほうに対応する税額を控除する」という税額軽減特典があります。

　相続税は、一般家庭でもかかる可能性があります。
　突然来るかもしれない相続の発生を念頭に、もめたりしないで、賢く節税できるように、あらかじめ家族でよく話し合って対策を準備しておきましょう。

Q19 セカンドライフの健康保険制度

会社をやめたけど、どの健康保険に加入することになるのかしら。

再就職先の健康保険の被保険者にならない限り、一般的には、退職前の健康保険に引き続き加入するか、国民健康保険に加入するかのどちらかになります。

なお、特別な場合として、家族の健康保険の被扶養者になるか、退職する前に加入していた健康保険組合が特定健康保険組合であれば、特例退職被保険者となることも選択できます〔図表1〕。

図表1　退職後の健康保険

	任意継続被保険者になる	国民健康保険に加入する	家族の被扶養者になる	特例退職被保険者になる
加入条件	退職日まで継続して2ヵ月以上被保険者期間がある	他の健康保険に加入していないこと	年収180万円未満（60歳未満は年収130万円未満）かつ被保険者（家族）の半分未満で、主として健康保険の被保険者である家族によって生計を維持されていること	退職日までに20年以上の加入実績期間がある等
保険料	通常、退職時の保険料の2倍。ただし、上限額あり	前年の所得や世帯員数などにより計算	本人は保険料負担なし（被保険者である家族が負担）	加入していた特定健康保険組合の規定による
手続きの期限	退職日の翌日から20日以内	退職日の翌日から14日以内	退職日の翌日から5日以内	厚生年金などの年金証書を受け取った日の翌日から3ヵ月以内

病気やケガへの備えについて考えてみましょう

医療編

退職前の会社の健康保険に引き続き加入する（任意継続被保険者）

　退職前の会社の健康保険に、任意継続被保険者として加入することができます。扶養する一定の家族も給付を受けることができますが、退職前に被保険者期間が2ヵ月以上あることが必要です。また、任意継続被保険者になる以外の残り3つの選択肢はいずれも74歳まで加入できるのに対して、この場合は加入できる期間は2年に限られています。

国民健康保険に加入する

　次の選択肢は、国民健康保険に74歳まで加入することです。保険料は前年収入などをもとに計算されますので、退職翌年の保険料が高額になることがあります。また、被扶養（者）という考え方ではなく、被保険者は世帯主、世帯員の個々人となります。

家族の健康保険の被扶養者になる

　家族が健康保険の被保険者で、主としてその家族に生計を維持されている場合は、その家族の被扶養家族として健康保険の被扶養者になることができます。
　この場合、保険料は被保険者が負担し、被扶養者には保険料の負担がないメリットがあります。

特定健康保険組合の特例退職被保険者になる

　退職前に加入していた健康保険組合が「特定健康保険組合」であって老齢厚生年金の受給資格者であれば、特例退職被保険者になることができます。ただし、この特定健康保険組合は、現在では全国に70組合程度しかありません。

全員に共通の選択肢としては、①任意継続被保険者になる、②国民健康保険に加入する、③家族の被扶養者になる、の３つがあります。
　また、特別な場合として、④特例退職被保険者になる、という選択肢もあります。それぞれの特徴をふまえて、自分に合った選択をしてください。

病気やケガへの備えについて考えてみましょう

医療編

20 高額療養費制度を使うには

重い病気の治療のため、1ヵ月で80万円の治療費がかかってしまったんだけど…。
やっぱり3割を負担するのかしら。

　健康保険には自己負担が一時的に多額になった場合に、それを軽減する制度が用意されています。
　制度内容を理解して上手に活用してください。

 老後は、窓口での自己負担はどうなるの？

　医療機関の窓口で健康保険証を提示すれば、健康保険から「療養の給付」（家族の場合は「家族療養費」）を受給でき、患者は医療費の一部を窓口負担すれば、必要な医療を受けられます〔図表1〕。

図表1　健康保険の窓口負担

被保険者・被扶養者の年齢	自己負担割合	
小学校入学前	医療費の2割	
小学校入学後70歳未満	医療費の3割	
70～74歳	医療費の2割※1	現役並み所得者は3割※2
75歳以上	医療費の1割	

※1　2014年4月1日までに70歳になった被保険者（誕生日が1939年4月2日から1944年4月1日までの人等）については、引き続き一部負担金等の軽減特例措置の対象となるため、2014年4月1日以降の療養に係る一部負担金は1割のままです。
※2　70歳以上の被保険者で診療月の標準報酬月額が28万円以上の人および70歳以上のその人の被扶養者など。

医療費が高額で払えそうにないとき、どうすればいいの？

① 70歳未満の人だけの世帯

1ヵ月の窓口負担額が自己負担限度額を超えたときに超えた分があとで払い戻されたり、窓口負担が一定額までとなる補助制度「高額療養費制度」があります。

支払いの前に申請して「限度額適用認定証」を発行しておいてもらい、窓口で提示すれば、所得区分に応じた自己負担限度額までの支払いで医療を受けられます。

多数回該当とは、同一世帯で直近12ヵ月間に高額療養費が支給された月が3ヵ月以上になった場合、4ヵ月目からの自己負担限度額は軽減された定額となることをいいます〔図表2〕。

医療費が80万円かかった世帯が70歳未満だけの世帯であれば、自己負担限度額は次のように計算されます。

■ 図表2　70歳未満の自己負担限度額（月額）

所得区分	自己負担限度額	多数回該当
標準報酬月額83万円以上	252,600円＋（医療費－842,000円）×1％	140,100円
標準報酬月額53〜79万円	167,400円＋（医療費－558,000円）×1％	93,000円
標準報酬月額28〜50万円	80,100円＋（医療費－267,000円）×1％	44,400円
標準報酬月額26万円以下	57,600円	
低所得者（市町村民税非課税）	35,400円	24,600円

※標準報酬月額とは、被保険者が事業主から受ける毎月の給料などの報酬の月額を、区切りのよい幅で区分したもので、健康保険では第1級の5万8千円から第47級の121万円までの全47等級に区分されています。なお、2016年4月1日から3等級区分が増え、その上限も139万円となります。

病気やケガへの備えについて考えてみましょう

医療編

> 例：1ヵ月の医療費が80万円かかった場合の自己負担限度額などの算出
> ●標準報酬月額が53〜79万円の場合
>   窓口負担額：800,000円×3割＝240,000円
>   自己負担限度額：167,400円＋(800,000円－558,000円)×1%
>   ＝169,820円
>   戻り額：240,000円－169,820円＝70,180円

② 70歳以上の人だけの世帯

70歳以上の人だけの世帯では、外来、入院、同一世帯ごとに、それぞれきめ細かく、1人、1ヵ月分の自己負担限度額が定められています〔図表3〕。なお、70歳以上の人は、「限度額適用認定証」は原則不要です。

■ 図表3　70歳以上の自己負担限度額（月額）

所得区分	自己負担限度額	
	A　外来分	B　入院分・同じ世帯のすべての窓口負担分
一般	12,000円	44,400円
現役並み所得者	44,400円	80,100円＋(医療費－267,000円)×1%〔44,400円〕※1
低所得者Ⅱ※2	8,000円	24,600円
低所得者Ⅰ※3	8,000円	15,000円

※1　〔　〕の金額は多数回該当の限度額。なお、所得区分が、一般・低所得者Ⅱ・低所得者Ⅰには多数回該当限度額はありません。
※2　低所得者Ⅰ以外の市町村民税非課税の被保険者とその被扶養者。
※3　被保険者とその被扶養者すべての人の収入から必要経費・控除額を控除した後の所得が0円である場合。

健康保険の窓口負担が一定額を超えたときに自己負担額を軽減する補助制度「高額療養費制度」があります。
年齢や所得区分などにより細かく規定されていますので、制度内容を理解して活用しましょう。

21 介護費と医療費が高額な場合

父がこれから介護保険のお世話になりそうだけど、自己負担額もけっこうかかると聞いているわ。この先、介護に加えて、さらに医療費もかかるようになったら家計はどうなるのかしら。

 介護費用が高額になってしまったときは？

介護保険の自己負担が一定額を超えたときは、申請をすることで、超えた額が「高額介護（予防）サービス費」として払い戻されます。月々の介護サービス費の負担額が、世帯合計または個人合計で上限額を超えた額が払い戻されます〔図表１〕。

■ 図表１　高額介護（予防）サービス費の負担上限額

所得区分	負担の上限額（月額）
①現役並み所得※	世帯44,400円
②一般（①③④以外）	世帯37,200円
③市町村民税世帯非課税等	世帯24,600円
市町村民税世帯非課税で、年金収入が80万円以下の場合等	個人15,000円
④生活保護の受給者等	個人15,000円

※ 一般に、同一世帯内に課税所得145万円以上の65歳の人がいる場合。

 医療費と介護費用の合計負担が高額になったときは？

８月から翌年７月までの12ヵ月間において、個人および世帯の「健康保険の窓口負担」と「介護保険の利用者負担」が高額介護合算療養費の自己負担限度額に500円（支給事務の費用）を加えた金額を超えた場合、超えた

病気やケガへの備えについて考えてみましょう

医療編

額が健康保険から「高額介護合算療養費」として払い戻されます〔図表2〕。

自己負担限度額は、年齢と所得区分によって定められています〔図表3〕。

● 図表2　高額介護合算療養費の適用

介護保険の 利用者負担 ＋ 健康保険 の窓口負担	高額介護 合算療養費 500円
	高額介護合算 療養費の自己 負担限度額

● 図表3　高額介護合算療養費の自己負担限度額

〈70歳未満〉

所得区分	自己負担限度額
標準報酬月額83万円以上	212万円
標準報酬月額53～79万円	141万円
標準報酬月額28～50万円	67万円
標準報酬月額26万円以下	60万円
低所得者（被保険者が市町村民税の非課税者等）	34万円

〈70歳以上〉

所得区分	自己負担限度額
①現役並み所得者（標準報酬月額28万円以上で高齢受給者証の負担割合が3割の人）	67万円
②一般所得者（①および③以外の人）	56万円
③低所得者Ⅱ[※1]	31万円
③低所得者Ⅰ[※2]	19万円

※1　低所得者Ⅰ以外の市町村民税非課税の被保険者等。
※2　被保険者とその被扶養者すべての人の収入から必要経費・控除額を控除した後の所得が0円である場合。

介護費用にかかる自己負担額が一定額を超えた場合、申請により超過分が「高額介護（予防）サービス費」として払い戻されます。また、医療費と介護費用の合計負担が高額になったときには、申請により一定の金額を超えた場合の超過分が「高額介護合算療養費」として払い戻されます。いずれも、所得区分などにより自己負担額が決められていますので、制度内容を理解して活用しましょう。

Q&A介護編 Q22 地域包括ケアシステムってなに？

今後、高齢者は病院ではなく、自宅での介護や療養が増えそうだと聞きました。いったい、どういうことなのでしょうか。

地域包括ケアシステムってなんですか？

政府は、重度な要介護状態になっても人生の最期まで住み慣れた地域で自分らしく暮らせるように、医療・介護・予防・住まい・生活支援サービスなどを地域をあげて要介護者などに包括的な支援を行うシステムの構築に取り組んでいます。これを「地域包括ケアシステム」といいます〔図表1〕。

図表1 地域包括ケアシステムのイメージ

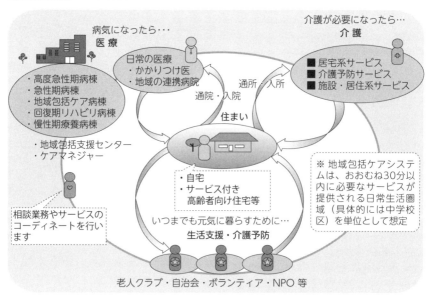

出典：厚生労働省ホームページをもとに作成

地域包括ケアシステムと公的介護保険の仕組みについて知りましょう

　地域包括ケアシステムでは、在宅を基本とした生活が継続できるように、地域の医療・介護・自治体・ボランティア団体など関連する事業者・サービス提供者などを巻き込んで医療と介護の連携などを行います。

　そして、高齢者の生活支援・日常の見守り・病院退院後の自宅での療養支援あるいは介護など、包括的にケアできる態勢を整えて高齢者が住み慣れた地域ですごせるようにするものです。

 これからの医療と介護の方向

① 高齢者医療は「自宅に帰ること」を重視へ

　従来は、ともすれば高齢者を長期間病院に入院させていた実態がありました。

　それほど医療行為が必要ではないものの、入院が長期化し、医療費の増大やベッド数の不足する「社会的入院」が問題となりました。

　20年前の約２倍の年間約40兆円までになった医療費の適正化を図るため、政府は入院の短期化、入院ベッド数の削減、ジェネリック（後発）医薬品の使用を推進した薬剤費の効率化、生活習慣病予防の徹底などの対策を進めています。

　とりわけ、入院は、今後、重い症状のときは入院し、状態が安定すれば自宅や介護施設・高齢者住宅などに戻り、広い意味での在宅を維持してもらうことになります。

　また、全国の病院の入院ベッド数については、2013年現在の約135万床から、10年後の2025年までに約16〜20万床削減して115〜119万床程度になる方針です。高齢者の増加への対応として、手術や救急に対応する病床から回復期に退院支援を実施する病床への転換を促し、入院している患者がなるべく早期に自宅に戻れるようにするものです。

② ポイントは 医療と介護を両立するための態勢整備

　在宅医療では、開業医である主治医（かかりつけ医）が、地域の歯科や泌尿器科などのほかの専門医（開業医）・訪問看護ステーション・薬局などとチームを組み、入院医療（病院の主治医）と介護（ケアマネジャー）と連携して対応することが大切です。

　今後、各地域で、自治体・病院・かかりつけ医・介護事業者・ボランティアなどが緊密に連携を取りつつ、高齢者や要介護者が望む生活の継続ができるような態勢の整備が進められていきます。

　特に、75歳以上の高齢者や認知症の高齢者など、医療と介護の両方を必要とする人の増加が見込まれます。1日複数回の定期訪問と随時の対応を受けられるサービスや、また小規模な施設への通い・訪問介護・短期間の宿泊を組み合わせたサービス、さらにこれに訪問看護なども組み合わせるなどして介護と看護の一体的な提供をすることで、医療ニーズの高い要介護者への支援を充実させることが重要になります。

　現在、医療・介護・予防・住まい・生活支援サービスが連携して、要介護者等へ包括的な支援を行い、在宅を基本とした生活の継続を可能とするような仕組みづくりが進められています。これを「地域包括ケアシステム」といいます。

　住み慣れた地域で、自分らしい暮らしを人生の最期まで続けることができるようにするものです。

地域包括ケアシステムと公的介護保険の仕組みについて知りましょう

介護編

Q&A 介護編 Q23 介護保険の被保険者、申請手続き

同窓会で友人たちが深刻な顔をして自分たちの親の介護の話題をしていたけど、わたしはよくわからなかったわ。
介護保険について最低限なにを知っていればいいのかしら。
介護サービスを受けるための手続きが知りたいわ。

40歳を超えた頃から親の介護は気になり始めるものです。特に、兄弟姉妹の少なくなった最近では、だれもが親の介護を避けては通れません。
介護は突然始まることが多いものです。そのときにあわてないように、介護の基本となる介護保険制度について知っておきましょう。

介護保険ってなに？

【介護保険とは】
○介護保険制度は、40歳以上の人全員を被保険者（保険加入者）として、市区町村が運営する社会保険制度です。
○被保険者になると保険料を納め、介護が必要と認定されたときに、費用の一部（原則1割。一定以上の所得がある利用者については2割）を支払って介護サービスを利用します。
○現金給付ではなく、介護サービスそのものが提供される保険です。

被保険者は、年齢により2つに区分され、給付（サービス）を受ける条件や保険料の算定・納付方法が違います〔図表1〕。

介護サービスを受けるには？

 まず申請しましょう！

介護保険を利用したい場合、まず、お住まいの市区町村の窓口（市区町

図表1　第1号被保険者と第2号被保険者の違い

	第1号被保険者	第2号被保険者
対象者	65歳以上の人	40歳以上65歳未満の医療保険加入者
受給できる場合	介護が必要となった原因を問わない。以下の場合が対象 ・要介護者 ・要支援者	加齢に伴う初老期認知症や脳血管疾患等の16の特定疾病で介護状態になった者
保険料負担	市区町村が定めた基準額に対して、所得に応じて加減された保険料額を徴収。基準額の平成27〜29年度の全国平均は5,514円だが、市区町村により幅がある。	医療保険者が医療保険料とともに一括して納付。会社員の場合は勤務先と原則折半で負担し、給与等から天引き。妻等40歳以上の健康保険の被扶養者は、原則保険料を別途支払う必要はない。国民健康保険の加入者は、所得等に応じて国民健康保険料に上乗せされる。

村によって介護保険課や高齢介護課等のさまざまな名称となっています）に行きます。本人が申請に行けない場合は、家族などの代理人が代行できます。

その際には、介護保険申請書と介護保険被保険者証（65歳になる誕生日の月に交付）を用意します。地域包括支援センター等で手続きを代行することもできます。

申請を受け付けた市区町村は、本人（被保険者）のサービス利用の便宜を図るため、できる限り迅速（法律上は30日以内）に認定を行う必要があります。

② 訪問調査を受けましょう

申請書を提出すると、市区町村から訪問調査員が来て、本人に面接し、心身の状況等について調査をします。この調査結果に基づき、1次判定が行われます。同時に、市区町村は主治医（かかりつけの医師）に対し、疾病または負傷の状況についての意見を求めます。

地域包括ケアシステムと公的介護保険の仕組みについて知りましょう

介護編

③ 審査と判定

市区町村は、訪問調査の結果を介護認定審査会(医師・保健師・社会福祉士等の専門家で構成)に通知し、要介護状態に該当すること、該当する要介護状態区分の審査・判定を求めます〔図表2〕。介護認定審査会は審査・判定を行い、その結果を市区町村に通知します。

■ 図表2　要介護度等の目安

予防	要支援1	ほぼ自立した生活ができるが、介護予防のための支援や改善が必要
	要支援2	日常生活の支援は必要であり、状態の軽減もしくは悪化防止のために支援を要する
部分的な介護	要介護1	歩行などに不安定さがあり、日常生活に部分的な介護が必要
	要介護2	歩行などが不安定で、排せつや入浴などの一部または全部に介護が必要
全面的な介護	要介護3	歩行、排せつ、入浴、衣服の着脱などに、多くの介護が必要
	要介護4	日常生活全般に動作能力が低下しており、介護なしでの生活は困難
	要介護5	生活全般に介護が必要で、介護なしでは日常生活がほぼ不可能で、意思の伝達が困難

出典:介護保険法(平成9年12月17日法律第123号)第7条をもとに作成

④ 要介護認定へ

市区町村は、介護認定審査会の審査・判定に基づき要介護認定を行い、その結果を本人に通知します〔図表3〕。このとき介護保険被保険者証には、非該当の場合以外、該当する要介護状態区分が記載されて返されます。認定結果に不服がある場合は、通知後60日以内に各都道府県の介護保険審査会に異議を申し立て、再度の審査請求をすることができます。

■ 図表3　要介護認定までの流れ

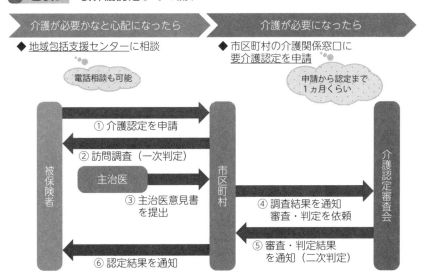

⑤　ケアプラン（サービス計画）の作成

　要介護認定・要支援認定を受けた本人は、さまざまな介護サービスのなかから利用したいものを選択し、それをどのくらい受けるのかについて月単位で計画するケアプラン（サービス計画）に基づきサービスを受けることになります。

　通常、在宅のケアプランは居宅介護支援事業所のケアマネジャー（介護支援専門員）が、介護保険施設でのケアプランは施設のケアマネジャーが作成します。ケアマネジャーは、このほか、地域密着型サービスでの小規模多機能型居宅介護事業所やグループホームなどにも配置されています。

　ケアプラン作成費用は全額介護保険から支給されます。本人の自己負担はありません。

地域包括ケアシステムと公的介護保険の仕組みについて知りましょう

介護編

なお、要介護認定には一定の有効期間（3～24ヵ月）が定められており、有効期間以後も介護サービスを利用する場合は更新の手続きが必要です。市区町村から送付されてくる更新の申請書を提出すると、あらためて調査・審査・認定が行われます。

⑥ 介護サービスの開始！

ケアプランを市区町村の窓口に提出すると介護サービスが始まります。

介護サービスにはどのようなものがあるのでしょうか。介護保険によるサービスの全体について確認しておきましょう。

介護保険で受けられるサービスは、大きく「居宅サービス」「施設サービス」「地域密着型サービス」の3つに分類され、それぞれに多くのサービスが用意されています〔図表4〕。

要支援の人が利用できるのは「居宅サービス」と「地域密着型サービス」のみで、「施設サービス」は利用することができません。

■ 図表4　主な介護保険サービス

【居宅サービス】	【施設サービス】	【地域密着型サービス】
○ 訪問介護 　（ホームヘルプサービス） ○ 訪問看護 ○ 訪問入浴介護 ○ 居宅療養管理指導 ○ 訪問リハビリテーション ○ 通所介護 　（デイサービス） ○ 短期入所生活介護 ○ 福祉用具のレンタルなど	○ 介護老人福祉施設 　（特別養護老人ホーム） ○ 介護老人保健施設 ○ 介護療養型医療施設など	○ 定期巡回・随時対応型訪問介護看護 ○ 認知症対応型通所介護 ○ 認知症対応型共同生活介護（グループホーム）など

⑦ お金はどれくらいかかるの？

利用した介護サービスの費用は、原則9割が介護保険から支払われ、1割が利用者の負担です(注)。

「要支援1・2」「要介護1〜5」のランクごとに支給限度基準額が設定されています。

また、支給限度基準額を超える部分（上乗せサービス）や介護保険の対象外のサービス（横出しサービス）の利用料金は全額自己負担となります〔図表5〕。

施設サービスの場合、食費・居住費・日常生活費が利用者負担となります。

介護保険対象サービスの利用者負担がある一定額を超えた場合、利用者の所得に応じてその超えた金額が「高額介護（予防）サービス費」として払い戻されます。

(注) これまで利用者の負担割合は一律に1割とされてましたが、2015年8月から、一定以上の所得がある利用者の負担割合が2割に引き上げられました。2割負担となる対象は、年金収入だけの単独世帯の場合で年収280万円以上、夫婦世帯なら346万円以上が目安です。

図表5　介護保険で受けられるサービスの限度額

◆ 上乗せサービス
 ➢ 公的介護保険の支給限度基準額を超えて利用するサービス
  √ 支給限度基準額を超えた部分は全額自己負担

もっとたくさん利用したい

公的介護保険の支給限度内サービス

	支給限度基準額 （月額）※	うち自己負担 （1割の場合）
要支援1	50,030円	5,003円
要支援2	104,730円	10,473円
要介護1	166,920円	16,692円
要介護2	196,160円	19,616円
要介護3	269,310円	26,931円
要介護4	308,060円	30,806円
要介護5	360,650円	36,065円

支給対象サービス以外も利用したい

◆ 横出しサービス
 ➢ 公的介護保険の対象サービス以外
  √ 利用料金は全額自己負担

【例】
● 配食サービス
● 家事代行サービス
● 訪問理容・美容サービス
● 旅行付き添い看護

※1単位＝10円の場合。2015年11月現在

地域包括ケアシステムと公的介護保険の仕組みについて知りましょう

　介護保険制度は、40歳以上の人全員を被保険者（保険加入者）とした、市区町村が運営する、強制加入の社会保険制度です。

　被保険者になると保険料を納め、介護が必要と認定されたときに、費用の一部を支払って介護サービスが利用できます。

　脳卒中や骨折などで突然介護が始まる割合は全体のうちの約3割といわれています。

　いざというときに「何から手をつければいいかわからない」とならないように、介護保険と介護サービスの概要を把握しておきましょう。

24 介護保険制度の直面する課題

ワイドショーで介護保険の今後について評論家たちが話をしていたわ。少子高齢化は進むし、国の借金も大きいし、いったい介護保険はどうなるのかしら。

　介護保険の意義は、何よりもそれまで医療と家庭で行っていた「介護」を、社会的な「介護」として制度化し、社会保険としてみなさんに拠出を求め、介護状態になったら必要なサービスを低廉な負担で受けられるようにしたことです。

　これにより、家族で悩んで一生懸命に対応していた介護を、社会的な制度に取り込み、必要なサービスを利用できるようになりました。高齢化が世界最速で進む日本の介護保険は、世界で注目を集めています。

　しかし、団塊の世代がすべて75歳以上になる2025年以降には、介護・医療のニーズは今まで以上に増加します。特に大都市圏では、医療・介護の施設やサービスの供給量が必要とされる水準にとどかず、大幅に不足することが懸念されています。

　政府も、この増大するニーズに対応し、最期まで在宅ですごしたいとの高齢者の希望もふまえ、医療・介護サービスを在宅での看護・介護にシフトさせ、「地域包括ケアシステム」として地域をあげてその対策を推進しています。

　また、少子高齢化の進展に伴い、介護保険料の負担も今よりも重くなると予測されています。実際に、2015年4月には65歳以上の介護保険料の3年おきの改定がなされ、全国平均で月額5,514円と1割超増額されました（前期4,972円）。

　また、介護サービスを利用した場合の自己負担はこれまで一律1割でしたが、2015年8月からは一定の収入がある場合には自己負担が2割となりました。今後も、見直しが進められていくと考えられています。

地域包括ケアシステムと公的介護保険の仕組みについて知りましょう

介護編

高齢化はますます深刻に

　65歳以上の高齢者数は、2025年には3,657万人となり、2042年に3,878万人とピークを迎える見込みです。また、65歳以上の要介護認定率は17.8％ですが、75歳以上に限ると要介護認定率は32.1％です(注)。この要介護率が高くなる75歳以上の高齢者の全人口に占める割合は増加していき、2055年には26.1％となる見込みです〔図表1〕。

(注) 厚生労働省「平成25年介護保険事業状況報告（年報）」をもとに算出

■ **図表1**　さらなる高齢化の進展

出典：第54回社会保障審議会介護保険部会資料をもとに作成

都市部で急速な高齢化、入院・介護需要が急増

　特に、医療・介護のニーズが高くなる75歳以上人口は、埼玉県、千葉県、神奈川県、大阪府、愛知県などの大都市部において、2025年には2010年時点の約2倍へと急速に増加します。東京都も、これらに続く1.6倍の増加が見込まれています。

　また、もともと高齢者人口の多い地方でも緩やかに増加します。各地域の高齢化の状況は異なるため、各地域の特性に応じた対応が必要になります〔図表2〕。

図表2　75歳以上人口の地域別推移　　全国で約760万人増加

	埼玉県	千葉県	神奈川県	大阪府	愛知県	東京都	…	鹿児島県	島根県	山形県	全国
2010年	58.9万人	56.3万人	79.4万人	84.3万人	66.0万人	123.4万人	…	25.4万人	11.9万人	18.1万人	1419.4万人
割合	8.2%	9.1%	8.8%	9.5%	8.9%	9.4%	…	14.9%	16.6%	15.5%	11.1%
2025年	117.7万人	108.2万人	148.5万人	152.8万人	116.6万人	197.7万人	…	29.5万人	13.7万人	20.7万人	2178.6万人
割合	16.8%	18.1%	16.5%	18.2%	15.9%	15.0%	…	19.4%	22.1%	20.6%	18.1%
倍率	(2.00倍)	(1.92倍)	(1.87倍)	(1.81倍)	(1.77倍)	(1.60倍)	…	(1.16倍)	(1.15倍)	(1.15倍)	(1.53倍)

出典：第54回社会保障審議会介護保険部会資料をもとに作成

　この高齢者の急激な増加は、入院や介護サービス需要の急増をもたらします。

　75歳以上人口が2025年までに2010年時点よりも全国で約760万人増加し、このうち東京都、埼玉県、千葉県、神奈川県だけで全国の増加分の3分の1にあたる254万人も増加することが予測されています。

　入院や介護サービスの需要の急増に対応しようにも、地価の高い大都市圏では病院や介護施設を新設するのは容易ではありません。また、サービスの担い手となる人材の不足も指摘されています。

　セカンドライフをすごす場所を決めるときには、将来安心して十分な医療や介護サービスを受けられる地域か、という点にも留意する必要があるでしょう。

A 　高齢化の急速な進展により、介護保険料や自己負担額の引き上げが予測されます。

　また、都市部における急速な高齢化は、医療と介護の態勢整備が不十分となる可能性が指摘されています。終の棲家となるセカンドライフの場所を決めるときに留意する必要があるでしょう。

介護生活の実態について知りましょう

 25 介護の期間、原因、1日の介護時間

> 最近、夫のお父さまが脳卒中で倒れたの。お母さまが介護していらっしゃるのだけど…。
> 介護が必要になるのって、何歳くらいで、なにがきっかけでそうなることが多いのかしら。
> それに介護生活って、いったい、どのくらい続くのかしら。

40代のみなさんにとっては、介護は未体験の話かもしれません。

50代のみなさんのなかには介護を身近に感じている人もいるのではないでしょうか。ここでは、介護生活の始まりについて解説します。

寿命が延びても、健康でいられる期間が延びるとは限りません

 健康で長生きはむずかしい

わが国の平均寿命はほぼ一貫して延び続け、2014年の男性の平均寿命は80.50歳、女性の平均寿命は86.83歳であり、世界有数の長寿国となっています。

また、「健康上の問題で日常生活が制限されることなく生活できる期間」である健康寿命は、2013年時点で男性が71.19歳、女性が74.21歳でした。

2013年時点で、平均寿命と健康寿命の差は、男性約9年、女性約12年となっています〔図表1〕。

図表1　平均寿命と健康寿命

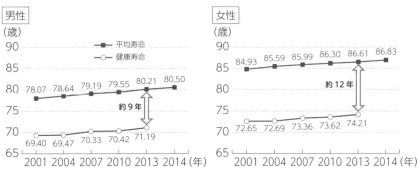

出典：厚生労働省「平成26年版 厚生労働白書」「平成25年簡易生命表」ほか報道発表資料をもとに作成

② 介護はどれくらい続くの？

　介護経験がある人に、どのくらいの期間介護をしていたのかを聞いたところ、介護期間は平均で約4年10ヵ月でした。5年超も介護した割合は34.7％、10年超は10.4％でした〔図表2〕。

図表2　平均介護期間

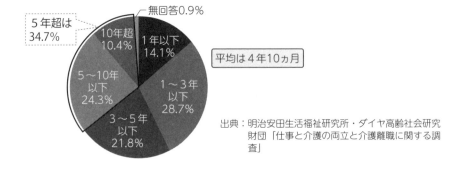

出典：明治安田生活福祉研究所・ダイヤ高齢社会研究財団「仕事と介護の両立と介護離職に関する調査」

介護生活の実態について知りましょう

介護編

高齢になるほど、介護はとても身近に

介護保険について、65歳以上の各年齢別に受給者数を男女別に見ると、70歳以上では女性が男性を上回っていることがわかります〔図表3〕。

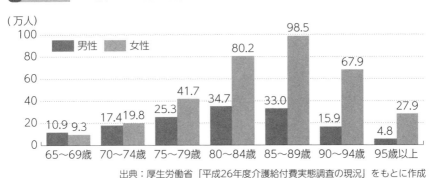

図表3 65歳以上の介護保険受給者数

出典：厚生労働省「平成26年度介護給付費実態調査の現況」をもとに作成

各年齢別に受給者の割合を見ると、75～79歳では男女とも10人に1人であるものが、80～84歳ではおよそ女性が4人に1人、男性では5人に1人となり、さらに85～89歳では女性で2人に1人、男性では3人に1人が介護保険からサービスを受けています〔図表4〕。

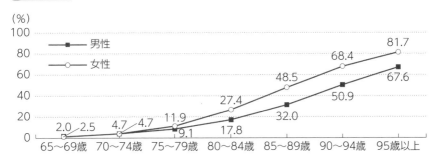

図表4 65歳以上の各年齢別人口に占める介護保険受給者の割合

出典：厚生労働省「平成26年度 介護給付費実態調査の現況」をもとに作成

介護は突然に

何がきっかけで介護が必要になるのでしょうか。その原因として、多い順に、脳血管疾患（18.5％）、認知症（15.8％）、高齢による衰弱（13.4％）、骨折・転倒（11.8％）、関節疾患（10.9％）となっています〔図表5〕。

脳血管疾患と骨折・転倒（あわせて30.3％）は、通常、突然に発生しますので、介護は突然やって来ることを覚悟しなければなりません。親の介護については、事前に介護保険に関する情報収集や親も含めた家族との相談などをしておくことが必要です。

■ 図表5　介護が必要になった主な原因

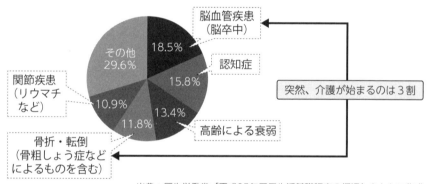

出典：厚生労働省「平成25年国民生活基礎調査の概況」をもとに作成

1日の介護時間は、どのくらい？

在宅での介護について、同居の主に介護する人による介護時間を要介護度別に見てみましょう。

要支援1から要介護2までは、「必要なときに手をかす程度」がそれぞれ最も多くなっています。しかし、要介護3では半日以上が約半数となり、要介護4・5では「ほとんど終日」が5割超と最も多くなっています〔図表6〕。

介護生活の実態について知りましょう

介護編

● 図表6　同居の主に介護する人の要介護度別介護時間

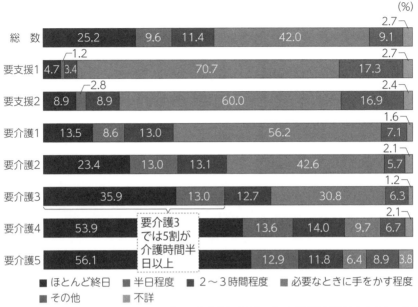

出典：厚生労働省「平成25年国民生活基礎調査」をもとに作成

　介護期間は平均で約4年10ヵ月ですが、5年を超えて介護したケースも34.7％と多くなっています。

　65歳以上の介護保険の受給者割合を見ると、75〜79歳では男女とも10人に1人であるものが、80〜84歳では女性が4人に1人、男性では5人に1人となり、85〜89歳では女性が2人に1人、男性が3人に1人と介護を必要とする割合は急激に増えます。

　介護が必要になる原因のうち、脳血管疾患と骨折・転倒（あわせて30.3％）は、突然発生します。だからこそ親の介護については事前の準備が必要なのです。

　在宅介護では、同居の主に介護する人による介護時間は、要支援1から要介護2までは「必要なときに手をかす程度」が最も多くなっていますが、要介護3では半日以上が5割となり、要介護4・5では「ほとんど終日」が5割超と最も多くなっています。

　今後、いっそう在宅介護が重視されるようになれば、介護する家族の負担は大きくなるでしょう。介護を家事や仕事とうまく両立させるためには、介護保険ではカバーできない部分までも介護サービスを利用せざるをえない場合もでてきます。カバーできない部分の費用は全額自己負担なので、事前の経済的な準備が必要です。

介護生活の実態について知りましょう

 26 介護を受ける場所、介護の担い手

夫のお母さまがご自宅でお父さまを介護しているのだけど。自宅での介護は一般的なのかしら。老人ホームに入居するようすすめるほうがいいのかしら。

　もし自宅で介護するのなら、介護される本人だけではなく、介護する主に同居する女性をはじめとする親族にとって影響の大きな話となります。
　ここでは、介護生活の住まいと介護の担い手について見てみます。

どこで介護を受けたい？

　全国60歳以上の男女を対象とした調査によれば、「介護が必要になった場合に、どこで介護を受けたいか」との質問に対して、男女とも「自宅で介護してほしい」という回答が最も多く、特に男性は自宅での介護を希望する割合が高い結果となりました（男性42.2％、女性30.2％）。
　自宅以外では、「介護老人福祉施設（特別養護老人ホーム）に入所したい」（男性18.3％、女性19.1％）、「病院などの医療機関に入院したい」（男性16.7％、女性23.1％）、「介護老人保健施設を利用したい」（男性11.3％、女性11.2％）とする回答が多かったです〔図表１〕。

在宅介護の割合は？

　介護を行った場所を見てみましょう。
　生命保険文化センターの「平成27年度生命保険に関する全国実態調査」によると、介護を行った（行っている）場所として、「自分の家」（44.0％）と「親や親族の家」（13.0％）を在宅の合計とした場合、全体で約６割を占めていました。在宅以外では、「公的な介護老人福祉施設や介護老人保健施設など」（15.9％）、「民間の有料老人ホームや介護サービス付き住宅など」

● 図表1　介護を受けたい場所

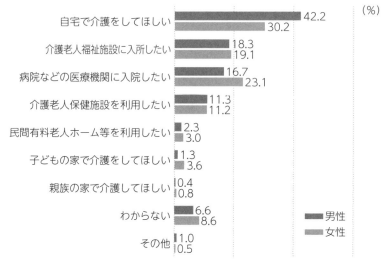

出典：内閣府「高齢者の健康に関する意識調査」をもとに作成

(17.0%)、「病院」(8.6%)と続いています。

このように、現状では在宅介護高齢者へのケアニーズがとても高いことがわかります。

 在宅介護のメリットとデメリットは？

在宅介護のメリットとしては、住み慣れた自宅や地域で暮らせること、費用が安くすむことがあります。一方、デメリットは、介護する家族の負担が大きく、緊急時の対応にも不安が残ります。場合によっては、自宅に引きこもりがちになってしまいます。

施設介護のメリットとしては、家族の負担が少ないこと、緊急時も安心なこと、同じ年代の人が多いので孤独感が少なくてすむことがあります。その反面、一般的に費用も高額で、集団生活のため、自由がある程度制約されたり、家族と離れたりするさびしさもあるでしょう。

以上のように、自分の身体状況や経済状況、それに家族がどれだけ介護の担い手となれるか、などの要因により自宅での介護生活、あるいは施設

介護生活の実態について知りましょう

介護編

に入居しての介護生活になるのか、選択肢は変わってきます。

　一般的には、訪問介護などの在宅系の介護サービスを利用して家族が介護していて、介護負担の状況によって特別養護老人ホームなどの公的介護施設に申し込んで入所待ちをしているようです。しかし、その入所前でも自宅での介護に無理が出てくれば、民間の有料老人ホームを利用することも多いようです。

　また、最近では、比較的早い時期から、見守りと生活相談のサービスを備えた「サービス付き高齢者向け住宅（以下、「サ高住」）」に入居する人も増えています。サ高住は、有料老人ホームと比較すると、一般的に生活の自由度が高く、費用も安い傾向があります。ただし、サ高住では、介護サービスは自分で別に契約する必要があります。介護付き有料老人ホームでは、入居と同時に24時間介護が提供されるので、その点は安心です。

　介護をしているのはだれ？

　在宅での介護の場合、介護する人にとっての負担は、要介護度にもよりますが、施設入居の場合と比べて大変な負担となります。特に介護する人と介護される人がともに高齢者という「老老介護」の場合、体力的、精神的にも負担が大きいといえます。

　現在、在宅で要介護者を主に介護する人については、「同居」が61.6％で最も多く、次いで「事業者」が14.8％となっています。「同居」の主に介護する人の介護される人との続柄を見ると、「配偶者」が26.2％で最も多く、次いで「子」が21.8％、「子の配偶者」が11.2％となっています。「同居」の主に介護する人を性別で見ると、男性31.3％、女性68.7％で女性が7割を占めています〔図表2〕。

　また、介護される人が60歳以上の場合で、同居の主に介護する人も60歳以上の場合は69.0％、同様にともに65歳以上は51.2％、ともに75歳以上は29.0％にもなっており、「老老介護」が相当数に及んでいます(注)。「老老介護」では介護疲れによる「共倒れ」が懸念されています。

（注）厚生労働省「平成25年国民生活基礎調査」

また、晩婚・晩産化が進むに伴い、子育ての時期と親の介護時期が重なるケースも増えています。
　さらに有職者の場合は子育てと介護と仕事をすべてこなしていくことは、とてもむずかしいことになります。

図表2　主に介護する人

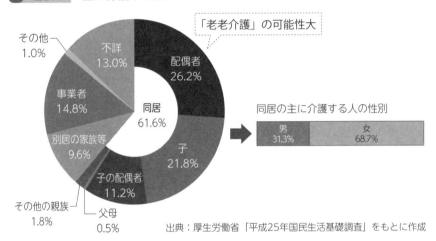

出典：厚生労働省「平成25年国民生活基礎調査」をもとに作成

介護生活の実態について知りましょう

介護編

　「どこで介護を受けたいか」との質問に対して、男女とも「自宅で介護してほしい」という回答が最も多い結果となりました（男性42.2％、女性30.2％）。

　在宅介護のメリットは、住み慣れた自宅や地域で生活できること、費用が安くすむことなどです。デメリットは、仕事と介護の両立も含めて家族の負担が大きいこと、緊急時の対応が不安なことがあります。

　一方、施設介護は、一般に費用は高額ですが、家族の負担は少ないという特徴があります。

　自宅での介護の場合、主な介護の担い手は、同居の家族が6割でそのうち女性は7割です。同居の家族6割の内訳は、子が2割、子の配偶者が1割、残り3割弱が介護される人の配偶者です。

　また、介護する人、される人ともに65歳以上である場合が5割強、ともに75歳以上である場合が3割です。この「老老介護」では介護疲れによる「共倒れ」が懸念されています。

　介護当初は「老老介護」でしのげても、長期間はむずかしくなります。また、夫婦の一方が亡くなれば、存命の親の介護は子どもが引き受けることも多くなります。要介護状態になる前に、介護場所について親も含めて家族でよく相談しておくことが大切です。

27 家族形態の変化と介護

わたしの女友達は独身主義の会社員。彼女が冗談っぽく、「最近、孤独死という言葉に敏感になっているのよ。やっぱり、不安よね。あなたの介護はご主人や子どもがいるから心配ないわね。」というけれど…。
でも、自分が夫の介護を本当にできるのかでさえ心配なのに、夫がわたしの介護をできるとは思えないわ。子どもに頼れるのかな。お嫁さん次第かな。やっぱり、早めに老人ホームに入居しておいたほうがいいのかしら。

ひと昔前なら、親夫婦と同居するお嫁さんなり家族に自分の老後のお世話をお願いすることが一般的でした。しかし、現在では家族構成や住まい方、介護への意識も大きく変化しています。30年前と比べると、生涯独身で暮らす人たちもとても増えました。ここでは、家族のカタチと介護について、考えてみましょう。

家族の変化が高齢者介護に及ぼす影響

① 「家族のカタチ」が変わった！？

「家族のカタチ」を見ると、「夫婦と未婚の子のみの世帯」（28.8％）が最も多く、「単独世帯」（27.1％）、「夫婦のみの世帯」（23.3％）と続きます。約30年前と比べると、「夫婦と未婚の子のみの世帯」は12.6ポイントも減少したことになります。同様に、三世代世帯も8.4ポイント減少しています。一方、単独世帯と夫婦のみ世帯はそれぞれ同じく8.9ポイント増加しています〔図表1〕。

介護生活の実態について知りましょう

介護編

● 図表1　世帯構造別にみた世帯数の構成割合

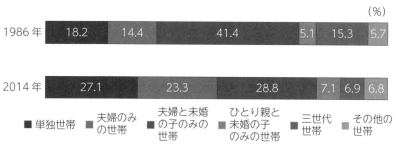

出典：厚生労働省「平成26年国民生活基礎調査」をもとに作成

次に、視点を変えて、「家族のカタチ」別に高齢者人数を見てみます。家族形態別にみた65歳以上人口の構成割合は、この約30年間で単独世帯が7.3ポイント、夫婦のみの世帯が16ポイント増加しています。一方、子どもと同居する割合は23.7ポイントも減少しています〔図表2〕。

● 図表2　家族形態別にみた65歳以上人口の構成割合

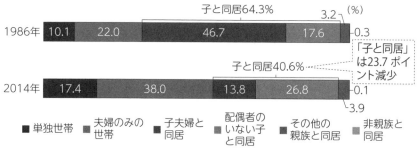

出典：厚生労働省「平成26年国民生活基礎調査」をもとに作成

「配偶者のいない子と同居」は9.2ポイント増えています。このうち、子どもが仕事をしないで親の介護に専念していたり、収入や雇用が不安定な子どもと同居している場合には、親の収入に一家の生計が依存しているケースも多いことでしょう。

しかし、いつまでも高齢の親の収入をあてにはできませんので、時間の経過とともに、子どもの将来の経済的自立が課題になります。
　かつては家庭が老後のセーフティネットでした。たとえば、家族が世代を超えて集まって住み、親が働いている間はおばあちゃんが小さい孫の世話をみてくれて、その後大きくなった孫たちが介護を必要とするおばあちゃんの世話をする。このような光景は、総体的にはひと昔前のものとなってきていることが以上のデータからもわかります。

② さらにシングルが増える！

　単独世帯が増加している背景のひとつに未婚率の上昇があります。今後、さらに未婚率の上昇が予測され、家庭というセーフティネットに期待できない傾向はますます強まることが考えられます。
　50歳時点で一度も結婚をしたことのない人の割合である「生涯未婚率」を30年前と比較すると、男性は2.6％（1980年）から20.1％（2010年）、女性は4.5％（1980年）から10.6％（2010年）へ上昇しています（詳細は「はじめに」参照）。
　また、2035年には、50歳になる男性の10人のうち3人、女性の10人のうち2人が生涯未婚となると予測されています。

③ だれに介護されたい？

　「将来、あなたの介護が必要になった場合、あなたはご家族・ご親族のうち誰に介護されたいと思いますか」という質問に、既婚者は性別で程度の差こそあれ、配偶者や子どもと回答しています。
　しかし、未婚の場合は家族による介護は期待できないため、老後の生活と介護については計画的に準備する必要があります。
　もちろん、既婚者についても自分の子どもとの同居割合は減少傾向にあるので、自分の介護を子どもに期待できる程度は以前ほど大きくないかもしれません。

介護生活の実態について知りましょう

介護編

結局、「このまま単身で生きていくのか」「親子の同居をするのか、しないのか」という大きな選択肢をにらみつつ、家族構成や住まい方がどのような状況になっても困らないような準備が今後はより必要となります〔図表3〕。

● 図表3　家族・親族のうちで介護されたいと思う人（介護経験の有無問わない／複数回答）

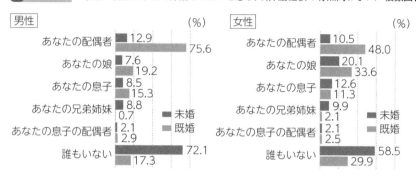

男性　　　　　　　　　　　　　　　（％）
- あなたの配偶者　12.9／75.6
- あなたの娘　7.6／19.2
- あなたの息子　8.5／15.3
- あなたの兄弟姉妹　8.8／0.7
- あなたの息子の配偶者　2.1／2.9
- 誰もいない　72.1／17.3

女性　　　　　　　　　　　　　　　（％）
- あなたの配偶者　10.5／48.0
- あなたの娘　20.1／33.6
- あなたの息子　12.6／11.3
- あなたの兄弟姉妹　9.9／2.1
- あなたの息子の配偶者　2.1／2.5
- 誰もいない　58.5／29.9

■未婚　■既婚

※回答者には、配偶者または子どもを将来もつと思う場合を含む。
出典：明治安田生活福祉研究所「介護の不安に関する調査」

A　50歳時点で一度も結婚をしたことのない人の割合である生涯未婚率は、2010年で男性は20.1％、女性は10.6％でした。

2035年には、50歳になる男性の10人のうち3人、女性の10人のうち2人が生涯未婚になるという予測もあります。

生涯未婚の場合は、老後の生活と介護について、特に計画的に準備する必要があります。

# 28 自宅で利用できる介護サービス

わたしが夫の介護を自宅でする場合に利用できる介護サービスには、何があるのかしら。夫は身体が大きいからお風呂の手助けをお願いしたいな。

　自宅での介護は、心身ともに負担の大きいものです。育児と異なり、いつになれば終わるのか、はっきりしません。
　介護サービスをいかに上手に活用していくかが、長い介護生活を乗り切るための鍵となります。
　ここでは、要介護の場合を想定したサービスを紹介しますが、要支援の場合もおおむねこれに準じるものとしてイメージしてください。

　「居宅サービス」ってなんですか？

　介護保険で利用できる「居宅サービス」のうち自宅で利用できるサービスについて説明します。

① 訪問介護って？

　訪問介護（ホームヘルプサービス）は、ホームヘルパーなどが日常生活に支障のある要介護者の家を訪問してサービスを行うもので、できるだけ自宅で能力に応じて自立した日常生活を送れるようにサポートします。
●要介護者のためのホームヘルプサービス
　訪問介護には「身体介護」と「生活援助」の2種類があります。

自宅での介護生活について知りましょう

介護編

⑦「身体介護」の主なサービス

　身体介護は、利用者のからだに直接接触して介護したり、日常生活のための機能や意欲を向上させるために支援するサービスです〔図表1〕。

■ 図表1　身体介護のサービス例

食事の介助	流動食などの調理	入浴の介助	洗髪
清拭	洗面の介助	爪切り	着替えの介助
排せつの介助	おむつの交換	起き上がりの介助	床ずれの防止
車いすの乗降介助	車いすでの移動	通院の付き添い	服薬の介助

⑦「生活援助」の主なサービス

　生活援助は、利用者がひとり暮らしの場合や、家族が障がいや病気の場合に、家事などを行うサービスです〔図表2〕。なお、同居家族がいる場合にはこのサービスの利用を認めない自治体もあります。

■ 図表2　生活援助のサービス例

調理	食事の後片付け	洗濯	掃除
ベッドメイキング	衣類の整理・補修	生活必需品の買物	薬の受け取り

　また、利用者本人の日常生活の援助の範囲を超える行為は対象とはなりません〔図表3〕。

■ 図表3　生活援助の対象とならないサービス例

家族のための調理・洗濯	商品の販売、農作業	大掃除	来客応対
正月などの特別な料理	植木の世話・草とり	洗車	ペットの世話・散歩

② 自宅で健康チェックしてもらえるの？

　訪問看護は、訪問看護ステーションなどから看護師などが自宅を訪問し、健康のチェックや療養の指導を行うサービスです〔図表4〕。必要に応じて、医療機関と連携をとります。

図表4　訪問看護のサービス例

病気や障がいの状態、血圧・体温・脈拍などのチェック	かかりつけ医の指示に基づく医療処置	医療機器の管理
からだの清拭、洗髪	食事の介助や指導	排せつの介助や指導
床ずれの防止や手当て	リハビリの指導	家族への介護指導

③ 入浴ってどうしたらいいの？

訪問入浴介護は、普通の浴槽では入浴がむずかしい利用者のために、専用車で運んできた組み立て式の浴槽を自宅の部屋のなかで組み立てて入浴を介助するサービスです。

入浴により、清潔になる、気分転換になることに加えて、血液の循環がよくなる、夜に熟睡できるなどの効果が期待できます。

④ 通院はむずかしいんだけど…

居宅療養管理指導は、通院できない利用者のために、医師や歯科医師が自宅を訪問して療養生活の指導や助言を行うサービスです。医師や歯科医師の指導のもとで、看護師や歯科衛生士などが訪問して指導を行うケースもあります。

なお、医師などが自宅を訪問して診療を行う場合は「訪問診療」といい、医療保険が適用されます。

⑤ 自宅でリハビリできるの？

訪問リハビリテーションは、通院してリハビリを受けることが困難な利用者の自宅に、理学療法士・作業療法士・言語聴覚士などが訪問し、心身機能回復のための訓練や精神的サポートなどのリハビリを行うサービスです。住み慣れた環境のなかで、リハビリを行うことができます。

自宅での介護生活について知りましょう

介護環境を整えるサービス

在宅での介護環境を整えるサービスについて説明します。

① 車いすやベッドのレンタルってどうしたらいいの？

在宅介護で、車いす、特殊ベッドや歩行器などの福祉用具をレンタルした場合に、その費用が要介護度別の支給限度基準額の範囲内で支給されます〔図表5〕。

■ 図表5　貸与の対象となる福祉用具

①車いす
②車いすの付属品（ブレーキ、クッションなど）
③特殊ベッド
④特殊ベッドの付属品（ベッド用手すり、テーブルなど）
⑤床ずれ防止用具
⑥体位変換器
⑦歩行器
⑧歩行補助つえ
⑨認知症老人徘徊感知機器（センサーで感知し、家族、隣人等へ通報するもの）
⑩移動用リフト
⑪手すり
⑫スロープ（持ち運びが容易なもの）
⑬自動排せつ処理装置

　介護を受ける人の身体状況や自宅の構造などをケアマネジャーに伝え、どのような用具がよいかアドバイスを受けます。
　ひとつの用具でも多くの種類がありますので、実際に介護ショップや展示場などに行って試してみることをおすすめします。

② 介護用の手すりを取り付けたいんだけど…

　手すりの取付けや段差の解消などの住宅改修費は、一生涯で総額20万円を限度にその費用の９割が介護保険から支給されます。
　ただし、要介護度が３段階以上上がった場合や転居した場合には、再度利用できるケースがあります。
　ほかにも、特定の福祉用具（腰掛け便座や特殊尿器、入浴用いすなど、再使用・使い回しの貸与になじまない排せつ・入浴のための用具）の購入費について、年度ごとに総額10万円を限度にその費用の９割が介護保険から支給されます。
　住宅改修費および福祉用具購入費の支給については、要介護度別の支給限度基準額とは別枠の扱いです。ケアマネジャーや市区町村の担当窓口に事前に相談してください。

地域密着型サービスってなに？

　地域密着型サービスとは、介護が必要な状態となっても、できる限り住み慣れた自宅や地域で生活を継続できるように支援する、比較的少人数での利用を前提にしているサービスです。
　これには自宅で受けるサービスだけでなく、施設を利用するサービスも含みます〔図表６〕。

自宅での介護生活について知りましょう

介護編

● 図表6　地域密着型サービスの概要

サービスの種類	内容
夜間対応型訪問介護	夜間のヘルパーによる定期的な巡回または通報を受けての居宅訪問で入浴・排せつ・食事などの介護・支援が受けられるサービス
認知症対応型通所介護	認知症の人が対象で、デイサービスセンターに通い、入浴・排せつ・食事などの介護・支援・機能訓練が日帰りで受けられるサービス
認知症対応型共同生活介護（グループホーム）	認知症の人が対象で、5～9人を1つのユニットとして共同生活をしながら、入浴・排せつ・食事などの介護・支援・機能訓練が受けられるサービス
小規模多機能型居宅介護	小規模な施設で「通い（デイサービス）」を中心として、要介護者等の心身の状況や希望に応じて、「訪問（訪問介護）」や「短期間の宿泊（ショートステイ）」を組み合わせて、入浴・排せつ・食事などの介護・支援・機能訓練が受けられるサービス
地域密着型特定施設入居者生活介護	小規模な有料老人ホームやケアハウス。入浴・排せつ・食事などの介護・その他日常生活の世話・機能訓練が受けられるサービス
地域密着型介護老人福祉施設入所者生活介護	小規模な特別養護老人ホーム。入浴・排せつ・食事などの介護・その他日常生活の世話・機能訓練が受けられるサービス
定期巡回・随時対応型訪問介護看護	日中・夜間を通じて1日複数回の定期訪問と随時の介護・看護を受けられるサービス
複合型サービス	小規模多機能型居宅介護と訪問看護など、複数のサービスを組み合わせた、医療ニーズの高い要介護者への支援を充実させたサービス

　自宅で利用できる介護保険の対象サービスの種類には、「訪問介護」「訪問看護」「訪問入浴介護」「居宅療養管理指導」「訪問リハビリテーション」などがあります。

　この他、在宅介護で車いすなどの福祉用具をレンタルした場合や、福祉用具購入費と住宅改修費についても一定範囲内でその費用が支給されます。

　さらに、地域密着型サービスとして、日中・夜間を通じて１日複数回の定期訪問と随時の対応を、介護・看護が一体となって密接に連携しながら受けられるサービスなどがあります。

　担当のケアマネジャーに、あなたの家族が置かれている状況をよく理解してもらい、介護を仕事や家事とできるだけ両立できるように、また介護する家族の精神的・肉体的負担を効果的に軽減できるような居宅介護サービスの組み合わせを一緒に考えて、ケアプランを作成してもらってください。

自宅以外の施設を利用した介護生活について知りましょう

 29 通所サービスの利用

わたしが夫の介護を自宅でするとしても、一日中、一緒にいるのは大変。
数時間でも預かっていただけるようなサービスはあるのかしら。

　自宅で介護をする場合には、家族の介護負担を少しでも軽くしたり、ほかの家事をこなす時間を確保することが必要です。これは、終わりが見えない介護生活ではとても重要なことです。この場合に活用できるのが「施設に出かける」ことで受けられるサービスです。

 「施設に出かける」ことで受けられる主な介護サービス

　施設に出かけることにより受けられる介護サービスには、「通所」と「短期入所」の2種類があります。

① 通所介護（デイサービス）って？

　在宅で介護を受けている要介護者が、地域のデイサービスセンターなどの施設に出向いて、健康チェックや入浴・食事・レクリエーションなどのサービスを受けます。要介護者の孤立感を解消し、心身機能の維持や要介護者の家族の負担軽減などに役立ちます。
　具体的には、施設で介護職員や看護師などの専門スタッフが、要介護者の状態に合わせて食事や入浴の援助などをしてくれます。また、歌や遊戯などのレクリエーションも行われ、それらを楽しみにしている人も多いようです。外出を伴うので要介護者にとってはリフレッシュにもなります。
　家族から離れて施設に通うため、最初のうちは不安を抱く利用者もいます。しかし、受け入れ側のスタッフはそうした要介護者の心理をよく理解し、コミュニケーション技術に長けているので過度の心配は不要です。

② 通所リハビリテーション（デイケア）って？

①で説明した通所介護が食事や入浴などの介護が中心なのに比べて、通所リハビリテーションは、介護老人保健施設や病院などに通い、理学療法や作業療法上のリハビリを受けるものです。

通所リハビリテーションには、さまざまなメニューが用意されています。体操など集団で行うものもありますし、関節の曲げ伸ばしや歩行訓練などの理学療法的なメニューや手芸・工芸など作業療法的なメニューもあり、楽しみながらリハビリが続けられます。

訪問リハビリテーションと比べ、施設では設備や器具が一通り用意されているため、さらに効果が期待できます。施設のスタッフに、心身の状況、本人や家族の希望をよく伝え、各人の状態にあったプログラムを組み立てることが重要です。

③ 数日間、預かってもらえる所って？

短期入所生活介護（ショートステイ）では、要介護者を短期間特別養護老人ホームなどの施設で預かり、食事や入浴など日常生活のお世話をします。また、施設で行うレクリエーション活動にも参加します。入所期間中は、入浴・排せつ・食事など、それぞれの施設で行われているサービスとほぼ同じものが受けられます。

このサービスの目的は、家で介護を続ける家族の負担を軽減し、介護からひととき解放されることで気分転換してもらうことにあります。家族の疾病、冠婚葬祭、事故などの場合だけではなく、介護する家族のために休養や旅行などで利用することを積極的に考えましょう。

④ 持病があるけど、預かってもらえる？

短期入所療養介護は、疾病の心配があったり、自宅でリハビリを続けている場合に、介護老人保健施設などに短期入所するサービスです。短期入所生活介護に比べて、看護医療系のサービスが手厚いのが特徴です。

自宅以外の施設を利用した介護生活について知りましょう

介護編

医師や看護師が中心となり、看護やリハビリのサービスが提供されます。
短期入所生活介護と同様、介護をする家族の所用やリフレッシュのために利用することが可能です。

　　介護保険で利用できるサービスとして、通所介護（デイサービス）があります。在宅で介護を受けている要介護者が、地域のデイサービスセンターなどの施設に出向いて、健康チェックや入浴・食事・レクリエーションなどのサービスを受けるものです。

　　通所リハビリテーション（デイケア）は、通所介護が食事や入浴などの介護が中心なのに比べて、介護老人保健施設や病院などに通い理学療法や作業療法上のリハビリテーションを受けるものです。

　　また、通いではなく、特別養護老人ホームなどの施設に短期間預かってもらう短期入所生活介護（ショートステイ）もあります。介護をしている家族が休養をとったり、用事があるときなどに利用できます。

　　介護は長期戦だといわれます。介護する家族に過度の負担が長期にわたって続けば精神的・肉体的にもまいってしまいます。通所介護、短期入所生活介護などを上手に居宅サービスと組み合わせて利用することがポイントです。担当のケアマネジャーによく相談して、一緒に考えて、ケアプランを作成してもらいましょう。

30 高齢者施設の種類

> わたしの母ももう80歳。父が亡くなり地方都市の実家でひとり暮らし。最近、目立って弱ってきたし、そろそろ老人ホームの入居をすすめようかしら。
> そのほうがわたしも安心するし。老人ホームにもいろいろ種類があるみたいだけど、どうやって選べばいいのかしら。

　親を呼び寄せようと思っても、住居が手狭な場合や、いろいろな事情があって、自宅での介護がむずかしい場合は多いでしょう。また、家族や仕事のために親元に戻れないケースも多いことでしょう。このような場合、費用はかかりますが、公的介護施設や民間の有料老人ホームなどの高齢者施設の活用が選択肢として挙げられます。

入居して受ける施設サービスにはどのようなものがありますか？

 公的な介護施設って？

　主に自治体や社会福祉法人などが設置・運営している施設を説明します〔図表１〕。

　介護保険による施設サービスとしては、介護老人福祉施設（特別養護老人ホーム。以下、「特養」）、介護老人保健施設（以下、「老健」）、介護療養型医療施設の３つの施設に入所して受けるサービスがあります。施設サービスを希望する場合は、施設に入所を申し込み、ケアプランに基づいたサービスを受けます。特に入所希望者が多い特養への入所は、在宅介護がむずかしい人が優先され、入所希望者が相当数いることから希望の時期に入所できないことを想定しておいてください。

自宅以外の施設を利用した介護生活について知りましょう

介護編

　さらに、これらの施設のほかに、ケアハウスがあります。これは、自治体の助成を受けられる低額な老人ホームです。
　特養、老健、介護療養型医療施設の３つの施設は入所時の一時金が不要です。毎月の利用料は、施設の種類や要介護度などにより異なります。目安としては、一般的に10万円近くから20万円の幅で心づもりしておけばよいでしょう。
　また、介護療養型医療施設は、医療を受けることができる病院なので、特養や老健よりは費用が高くなる場合があります。

図表１　公的な介護施設

	介護老人福祉施設（特養）	介護老人保健施設（老健）	介護療養型医療施設	ケアハウス
特徴・対象者	常時介護が必要で、在宅での生活が困難な人が、必要な生活介護・機能訓練・療養上の世話を受ける施設	病状が安定した人が、在宅復帰を目指すためのリハビリを中心とした医療ケア・生活サービスを受ける施設	急性期の治療を終え長期療養が必要な人が、サービスを受けるための医療施設	低額な老人ホーム。自立型と介護型（特定施設）がある
長所	終身入所が可能。費用が民間老人ホームに比較してかなり安い	安い費用で入所が可能で機能回復訓練も受けられる	最期まで医療と介護が受けられる	入所費用が比較的安い
短所・留意点	定員数とほぼ同数の入所待機者がおり、２〜３年の待機期間となっている。一般的に、要介護度が高く、介護する人がいない要介護者ほど入所の優先順位が高くなる。原則、要介護３以上の人が新規入所可能	原則は３ヵ月程度の滞在まで。３ヵ月ごとに退去または入所継続の判定を実施	医療を受けることができる病院のため、特養や老健よりは費用が高い	所得によっては入所できない場合がある。自立型では要介護２程度までの利用が通常。中度から重度の要介護になると住み続けるのは困難で特養等への住み替えを検討する必要も。介護型は待機期間が長くなる場合あり
入所時の一時金	不要	不要	不要	不要から数百万円と幅広い

特養は、原則、要介護３以上の人に入所が限定されるなど入所指針が厳しくなりました。

　老健は、原則は３ヵ月程度の滞在までであり、３ヵ月ごとに退去または入所継続の判定が実施されるわけですが、この判定はよりいっそう厳格化されるものと考えられます。

　介護療養型医療施設は、死を間近に迎えた時期の看護・治療であるターミナルケアを中心とした療養と医療処置、さらに、入所者の最期の看取りに重点を置く運営にシフトされつつあります。

② 民間による高齢者施設って？

　民間事業者が設置・運営している代表的な４つの高齢者施設を見てみましょう〔図表２〕。

　費用は公的な介護施設に比較するとかなり高額です。たとえば、特養と介護付き有料老人ホームを比較すると、入所・入居時の一時金は特養では不要ですが、有料老人ホームでは高額なところでは数千万円の場合もあります。また、有料老人ホームでは、公的な介護施設に比べて、月額利用料についても一般的に高額となっています。

　入居を検討するにあたり、比較すべき点は、「信頼できる事業者であるか」「ケアスタッフの人数」「施設運営方針」に加え、「認知症の入居者への対応」や、「最期の看取りまで対応できるのか」という点が重要です。

自宅以外の施設を利用した介護生活について知りましょう

介護編

● 図表2　民間事業者による主な高齢者施設

	介護付き 有料老人ホーム	住宅型 有料老人ホーム	サービス付き 高齢者向け住宅	認知症高齢者 グループホーム
特徴・対象者	特定施設の指定を受けた施設。入居時自立型、介護型、混合型の3タイプがある。入居時自立型は、入居時の身体状況が自立していることが必要。介護型は、入居時に要支援・要介護であることが必要。混合型は、自立・要支援・要介護のいずれも入居可能	食事サービスや生活支援サービスが提供される施設。介護サービスは外部の業者を利用	バリアフリー仕様で、見守りサービス(日中の安否確認)と生活相談サービスが付いた高齢者のための賃貸住宅。食事サービス(オプション)もほとんどの施設で提供。介護サービスは外部の業者を利用	主に軽度から中度の認知症で自宅での介護が困難になった高齢者の共同生活施設
長所	介護スタッフが常駐。要介護になれば要介護度別に定額の費用で介護が受けられる。重度の認知症にも対応	介護が必要となった場合、複数の介護サービス事業者から選択可能	有料老人ホームと比較すると、一般的に生活の自由度が高く、費用も安価	各入居者の残存能力に応じた家事分担をすることで、認知症の進行が抑えられる。軽度の認知症では費用も比較的安価で便利
短所・留意点	比較的、入居金が高い	介護サービスが外部業者との個別契約になるため、要介護度が高くなると、介護費用も高くなる場合あり。重度の介護状態になった場合、住み続けるのが困難な場合もある	介護サービスが外部業者との個別契約になるため、要介護度が高くなると、介護費用も高くなる場合あり。重度の介護状態になった場合、住み続けるのが困難な場合もある	医師や看護師が勤務しておらず、常時の医療が必要となった場合や身体状況が悪化して共同生活に支障が生じる場合に退去を求められることもある
入居一時金	施設の所在地や内容のグレード、賃料部分の支払い方で大きな差があり、0円から数千万円以上と幅広い。別途、数百万円の介護一時金が加算される場合もある	0円から数千万円	敷金のみ(家賃の2ヵ月分程度)必要な場合が多いが、なかには数百万円以上の賃料の前払いが必要なこともある	数十万円の敷金、預り金が必要な場合もある

　民間事業者が設置・運営している施設に入居する場合にかかる費用は、公的な介護施設と比較するとかなり高額です。たとえば、特養と介護付き有料老人ホームとを比較すると、入居金は特養では不要ですが、有料老人ホームでは数千万円必要な場合もあります。また、月額利用料についても一般的に高額となっています。

　特養は、原則要介護3以上の者に新規入所が限定されるなど入所指針が厳しくなりましたし、入所希望者が相当数いることから、現実問題として入所はむずかしくなっています。

　民間の高齢者施設のなかでも、近年では有料老人ホームと比較すると、生活の自由度が高く、費用も安価な、サービス付き高齢者向け住宅を選択する人たちも増えています。

　また、軽度から中度の認知症の場合には、認知症高齢者グループホームという選択肢もあります。

介護が必要になった場合の費用について知りましょう

 31　介護費用の現状

介護が必要になった場合、毎月どれくらいの費用がかかるのかしら？
それに、介護のために家をリフォームしたことをよく聞くけど、みなさん、どの程度のお金をかけているのかしら？

　実際に介護にかかる費用は？

　介護費用がどの程度かかるのか、介護保険の対象外となる費用まで含めた金額については、なかなか実態を把握しづらいところです。
　家族等の介護経験がある全国の40〜70代の男女1,032人を対象にした「介護生活の実態と意識に関する調査（2012年6月）」結果を見てみましょう。

　毎月いくらくらいかかるの？

① 介護保険サービスの自己負担額って？

　介護保険サービスの自己負担額は、月額平均21,773円でした(注)。半数近くが2.5万円以上で、3.5万円以上という人も約1割いました〔図表1〕。

(注) 厚生労働省「介護給付費実態調査月報 平成27年4月分」から推測できる最新の自己負担額　は月額1.91万円

② もし、介護保険でまかなえる限度を超えたら？

　介護保険の支給限度基準額を超えるサービス（いわゆる「上乗せサービス」）を利用している人の利用料金は平均では月額31,774円でした。半数近くの人が2万円以上で、5万円以上という人も約1割いました〔図表2〕。

● 図表1　介護保険サービスの自己負担額（月額）

出典：明治安田生活福祉研究所「介護生活の実態と意識に関する調査」

● 図表2　「上乗せサービス」の利用料金（月額）

出典：明治安田生活福祉研究所「介護生活の実態と意識に関する調査」

③　介護保険が使えないサービスの利用料金は？

　介護保険の対象ではないのですが、日常的に利用している有料の介護関連サービス等（いわゆる「横出しサービス」）を利用している人の利用料金は平均では月額29,921円でした。半数近くの人が2万円以上で、7万円以上という人も約1割いました〔図表3〕。

④　施設に払う食費などの料金は？

　介護施設に入居・入所している場合に施設に支払う食費・居住費・管理費は、平均では月額94,851円でした。約4割の人が10万円以上で、25万円以上という人も約1割いました〔図表4〕。

介護が必要になった場合の費用について知りましょう

介護編

● 図表3　「横出しサービス」の利用料金（月額）

出典：明治安田生活福祉研究所「介護生活の実態と意識に関する調査」

● 図表4　施設の食費・居住費・管理費（月額）

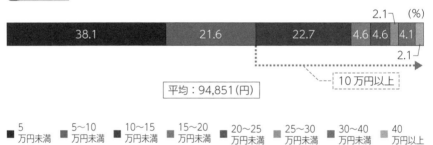

出典：明治安田生活福祉研究所「介護生活の実態と意識に関する調査」

⑤　全部で毎月、いくらかかるの？

　介護保険サービスの自己負担額、上乗せ・横出しサービスの利用料金、施設の食費・居住費・管理費を合計したところ（ただし、利用していないサービスについては計算上0円としています）、月額74,428円になりました。半数近くの人が5万円以上で、20万円以上という人も1割近くいました〔図表5〕。

　老後の生活費用のなかで、介護費用が大きなウエイトを占めることがわかります。

図表5　介護費用合計額（月額）

出典：明治安田生活福祉研究所「介護生活の実態と意識に関する調査」

介護のためのリフォームってどれくらいかかるの？

　介護のために住宅をリフォームした人に、その費用（自己負担分以外も含む、かかった費用の合計）を質問しました。「わからない」と回答した人を除き、4割以上の人が20万円以上で、100万円以上という人も1割強いました〔図表6〕。

　介護のために住宅改修を行った場合、総額20万円を限度として、その費用のうち9割が介護保険から支給されますが、半数近くの人が限度額以上の住宅改修をしていることがわかります。

図表6　介護のためのリフォーム費用

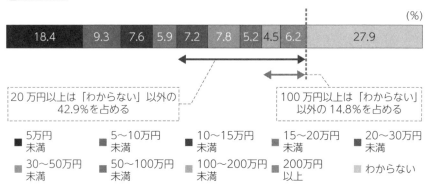

出典：明治安田生活福祉研究所「介護生活の実態と意識に関する調査」

介護が必要になった場合の費用について知りましょう

介護編

「横出しサービス」の利用料金

「横出しサービス」にはさまざまな種類があります。それぞれの種類につき、利用すると平均でどれくらいかかるのか図表7を見てみましょう。

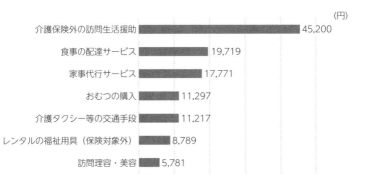

図表7　「横出しサービス」を利用した場合にかかる料金例（月額）

（円）
- 介護保険外の訪問生活援助　45,200
- 食事の配達サービス　19,719
- 家事代行サービス　17,771
- おむつの購入　11,297
- 介護タクシー等の交通手段　11,217
- レンタルの福祉用具（保険対象外）　8,789
- 訪問理容・美容　5,781

出典：明治安田生活福祉研究所「介護生活の実態と意識に関する調査」

　介護が必要になった場合にかかる費用として、介護保険の自己負担額だけで平均2.2万円、支給限度基準額を超えた上乗せサービスの利用により平均3.2万円、横出しサービスの利用で平均3万円が必要です。想定外のお金がかかる場合があることを認識しておいてください。

　自分が介護を受ける場合に、介護する家族に心身の負担に加えて経済的負担までかけないように、今から準備を始めておくことが大切です。

32 民間介護保険の特徴

国の介護保険と生命保険会社の介護保険には、どのような違いがあるのかしら。国の介護保険だけでは不十分なの?

　国の制度である公的介護保険制度の支給対象のサービスを受ける場合、支払わなくてはいけない金額は、サービス利用費の1割もしくは2割です。「たった1割なら、それほど大きな負担じゃない」と感じるかもしれません。しかし、これはあくまでも公的介護保険の支給限度基準額内でのサービス利用ですんだ場合です。介護に直面すると、介護される人は「もっと快適にすごしたい」、介護する人は自身の「負担を減らせないかな」と思うのが実際のところです。

　たとえば、訪問介護サービスの利用回数を増やしたり、配食サービス等を利用することで改善できることがあります。ただし、公的介護保険の支給限度基準額を超えたサービス利用費や、配食サービスのような支給対象外の費用は全額自己負担となってしまいます。よりよい介護とするためにはさまざまな場面でお金が必要となります。

　そうした介護にかかる自己負担分をカバーするために、保険会社から介護保険が販売されています。どのような特徴があるのか見てみましょう。

公的介護保険と民間介護保険の違いってなに?

① 公的介護保険とは

　公的介護保険は、40歳以上の人を被保険者(保険加入者)とした、市区町村が運営する強制加入の社会保険制度です。

　保険料を納める必要がありますが、要介護認定(「要支援1・2」「要介護1～5」の7段階)を受けた利用者が、支給限度基準額内であれば1割

民間保険会社の介護保険について知りましょう

もしくは2割の利用料を支払うことで介護サービスを受けられます。現金給付ではなく、介護サービスそのものが提供される制度となっています。

② 民間介護保険とは

民間介護保険は、サービスそのものを提供するものではなく、現金給付を行うものです。

保険会社の定める所定の要介護状態になった場合に、年金や一時金で給付金を受け取れます。

公的介護保険の自己負担分に加えて支給限度基準額を超えて利用する場合（上乗せサービス）や配食サービスや家事代行サービスといった介護保険の対象外のサービス（横出しサービス）を利用する場合は全額自己負担となりますが、民間介護保険の給付によりこの費用をカバーできます。

㋐ 主な保障内容・保障期間

民間介護保険の保障内容は、介護初期段階での一時的支出に備えることができる「介護一時金給付」と月々の介護費用負担に備えることができる「介護年金給付」の2つが主な給付です。軽い要介護状態の場合は、支払いの対象とならない商品もあれば、見舞金等の少額の給付を支払う商品もあります。また、要介護状態が改善した場合に給付が支払われるものや、認知症になった場合に加算される保障を備えているタイプもあります。

保障期間は、有期（10年・20年などの一定期間、70歳・80歳などの一定年齢まで）と生涯にわたって保障する終身があります。

㋑ どういうときにもらえるの？

支払事由（どういう状態になったら給付が支払われるか）は、「保険会社が定めた所定の要介護状態」もしくは「公的介護保険の要介護認定」となっており、公的介護保険による要介護2または3以上に該当した場合に給付を受けられる商品が多くなっています。

介護年金の受給期間は、「支給期間が定められている有期」と「一生涯にわたって支給する終身」があります。介護期間はいつ終わるのかが予測できないため、介護期間の長期化に備えるためには受給期間は終身が望ま

159

しいことは間違いありませんが、その分保険料も高くなります。

一般的に「介護年金」の支払事由は、認定された要介護状態が年金支払い期日に継続していることが条件となっています。

民間介護保険への加入を検討するときは、保険会社の信頼度・保障期間・給付事由・給付内容・給付額・保険料等を比較して検討してください。

⑦介護の備えとして

介護に要する平均費用（介護保険の自己負担額やその他諸雑費等）は、Q31では月間平均7.4万円でしたが、別の調査によると月間平均7.7万円（年間92.4万円）で要介護5の場合は134.9万円にもなります。要介護度が重くなるにつれて費用も増していくことがわかります〔図表1〕。

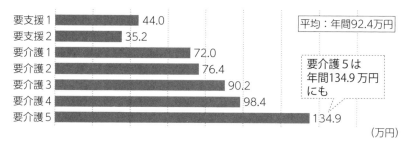

■ 図表1　要支援・要介護度別 年間介護費用

要支援1	44.0
要支援2	35.2
要介護1	72.0
要介護2	76.4
要介護3	90.2
要介護4	98.4
要介護5	134.9

平均：年間92.4万円

要介護5は年間134.9万円にも

（万円）

※介護費用は介護サービスの自己負担額やその他諸雑費等
出典：生命保険文化センター「平成24年度生命保険に関する全国実態調査」をもとに作成

また、Q31でリフォーム費用について、4割以上の人が20万円以上かかったことを紹介しました。

別の調査によれば、リフォームのほか、介護ベッドの購入などまで含む一時費用の平均額は80万円で、200万円以上も7.1％でした〔図表2〕。

介護期間の平均は4年10ヵ月ですが、介護期間が5～10年になるケースが24.3％、10年以上になるのも10.4％に達しています（Q25参照）。

「いくらかかるか、いつまで続くか、わからない」介護に、民間介護保険で備えるのはとても有効です。

民間保険会社の介護保険について知りましょう

介護編

● 図表2　介護に要した一時費用

平均：80万円　(%)

なし	15万円未満	15〜25万円未満	25〜50万円未満	50〜100万円未満	100〜150万円未満	150〜200万円未満	200万円以上	不明
17.3	13.9	8.3	7.7	9.0	7.9	7.1	1.9	26.8

出典：生命保険文化センター「平成27年度生命保険に関する全国実態調査（速報版）」をもとに作成

　公的介護保険が介護サービス自体の現物給付であるのに対して、民間介護保険は現金給付です。
　民間介護保険により、公的介護保険の自己負担分に加え、全額自己負担となる支給限度基準額を超えたサービスや対象外のサービスを受けた費用をカバーすることができます。
　「いくらかかるかわからない」「いつまで続くかわからない」介護費用の不安に対し、民間介護保険で備えるのは有効です。

33 民間介護保険の保険金・給付金について

民間介護保険はどのような場合に保険金や給付金がもらえるのかしら？ 要介護認定されたら必ずもらえるものばかりじゃないみたいだけど。

　民間介護保険の場合は、保険会社ごと、保険商品ごとに支給額や支払事由が異なりますので、しっかりと内容を確認しておくことが大切です。
　介護に直面しても安心してセカンドライフを送れるように、自分のニーズにあったタイプの民間の介護保険商品を見つけてください。

どのような場合に保険金・給付金がもらえるの？

　一般的なのは、「公的介護保険制度の要介護○以上に認定されたとき」に給付されるタイプの保険です。
　「そもそも介護保険の仕組みはむずかしい！」と感じるかもしれませんが、基本的な知識は頭に入れておいてください。
　要介護「2」や「3」以上の該当を保険金・給付金の支払事由としている商品が多いですが、特約を付けることでもっと軽い要介護状態から保障されるものもあります。ただし、軽度でも保障されることは魅力的な反面、保険料が割高になることに注意が必要です。比較的軽度の要介護状態の場合は、公的介護保険の自己負担分もそれほど高額とならず、その他の費用もあまりかからないでしょう。加入の際には軽度の保障だけでなく、重度の要介護状態にもしっかりと対応できる内容かどうかに着目し、保険料額と合わせて検討してください。
　また、「公的介護保険制度の要介護度認定」に加えて、「当社所定の状態」として各保険会社で独自の支払事由を定める場合も多く、どちらかの事由に該当すれば保険金・給付金が支払われるのが一般的です〔図表1〕。

民間保険会社の介護保険について知りましょう

介護編

■ 図表1 「当社所定の状態」として定義されている例

●寝たきりによる要介護状態
常時寝たきりで（1）に該当し、かつ（2）～（5）の2項目以上について他人の介護が必要な状態
　（1）ベッド周辺の歩行が自分ではできない　（4）食物の摂取
　（2）衣服の着脱　　　　　　　　　　　　　（5）大小便の排せつ後の拭き取り始末
　（3）入浴

●認知症（痴呆）による要介護状態
医師によって、器質性認知症（加齢や脳梗塞等で脳自体が変容して発症するタイプ。精神疾患や外傷性の知的障がいを除く。）であると診断確定され、意識障がいがないのに他人のことや自分自身の置かれた状況を正しく理解できず、他人による介護が必要な状態

　そのほか、「要介護状態が○○日間を越えて継続した場合」という要介護状態の継続要件を規定している商品があります。この期間は、30日・90日・180日と幅があり、この期間を選択できる商品もあります。期間を選択できる場合、短くすると保険料が上がる仕組みになっています。

　選択する期間を長くすると要介護状態になってすぐに給付金を請求できない点がデメリットに見えますが、その分保障内容が手厚かったり、保険料が割安だったりします。

　また、少数ですが、公的介護保険の要介護認定を支払事由とせず、保険会社が独自に定めた要介護状態のみを支払事由としている商品もあります。要介護状態の継続期間はもちろん、「寝たきり」や「認知症（痴呆）」について独自の定義があるので、契約する際はしっかりと理解しておく必要があります。

　支払事由に該当したかなと思ったら、保険会社の担当者もしくは相談窓口などに照会してください。支払事由に応じた請求手続きを案内してもらえます。

　特に保険会社独自の支払基準を定めている商品は請求手続きが保険会社ごとに異なるため、事前にしっかりと確認しておく必要があります。

民間介護保険を活用するために

① 保険金・給付金はいつ振り込まれるの？

　受け取る保険金・給付金の種類にもよりますが、どのタイミングで保険金・給付金が支払われるのか確認しておきましょう。

　介護初期段階での一時的支出に備える「介護一時金保障」の場合は、支払事由に該当した時点で一時金でまとまって受け取れます。月々の介護費用負担に備える「介護年金保障」の場合は、年間単位で受け取るものが多いようですが、商品によっては毎月もらえるものもあります。

　ほかにも「要介護状態回復一時金」「臨時費用保険金」「認知症加算型」などの保障のある介護保険もあります。それぞれいつの時点でお金が受け取れるかを確認しておいてください。

② 病気で本人が保険金・給付金を請求できない場合は？

　被保険者本人が認知症などで請求手続きができなくなる場合を心配している人もいるでしょう。多くの場合、親族など代理人が被保険者本人に代わって請求する「指定代理請求」が可能ですが、特約の追加をしなくてはならない商品もあります。

　なお、この指定代理請求人の範囲は、被保険者の配偶者、直系血族、兄弟姉妹、3親等内の親族から1名だけ指定できるのが一般的ですが、保険会社によって異なる取扱いもあります。この点も必ず確認してください。

③ 安心できる介護生活のために

　民間介護保険を検討する際のポイントを紹介しましたが、公的介護保険には「高額介護（予防）サービス費」（Q21参照）があり、1ヵ月の負担限度額を超えた場合には、その超過分は世帯の収入に応じて払い戻されます。

また、介護のための住宅改修や福祉用具の購入などについても費用の一部が介護保険から支給される場合があります（Q28参照）。
　しかし、リフォームしたり、介護施設で公的介護保険給付以外のサービスを受けたりすると、少なからず自己負担が生じます。
　さらに、介護はいつ始まりいつ終わるかわかりません。この点についても経済的・精神的な不安があります。
　いつまで、いくらお金がかかるかわからない将来の介護のため、民間介護保険を活用し、経済的な手立てと安心を確保するという選択肢をぜひ検討してください。

　民間介護保険は、公的な要介護認定基準に合わせて支払われるタイプと、保険会社が独自に定めた介護状態によって支払われるタイプ、その両者を支払事由とするタイプがあります。
　各社商品ごとにいろいろな違いがあります。どのような支払事由で、いくらの保険金・給付金が、どのタイミングで受け取れるのか、活用にあたってはしっかりと確認して検討してください。

34 仕事と介護の両立と介護離職

夫の会社の先輩が親の介護のために転職したと聞いてびっくりしたわ。
テレビでは、介護のために会社をやめる人が多いといっていたけど、どういうきっかけで転職の決断をされたのかしら。
介護をしなければならないとしても、生活のための収入は必要だと思うし…。

 仕事しながら介護できるの？

　高齢者が最期まで自宅ですごしたいという希望を叶えるために、医療と介護を一体とする「地域包括ケアシステム(注1)」が推進され、これからは在宅介護・在宅看護が増えていきます。

　以前は、家族の要請もあり、医療機関が高齢者の長期間にわたる入院を受け入れていた「社会的入院」という実態がありましたが、医療費の増大やベッド数の確保の観点から問題となり、今では高齢者の入院日数は短期化しています。

　一方、介護保険で、自宅介護を行うのに必要な介護給付を行う仕組みが用意されています。

　このような状況のもと、近年では親の介護のために離職を余儀なくされる人も増加しており、「介護離職」は社会問題化しています。

　最近の調査(注2)によると、介護をしながら働いている雇用者は240万人で、うち女性は137.2万人です。また、仕事と介護との両立がむずかしくて離職や転職をした雇用者は2007年～2012年の5年間で44万人（うち女性は35.4万人）でした。

仕事と介護の両立の実態

介護編

　また、上場大企業の中高年の男女従業員への調査[注3]によると「現在介護が必要な状態である」親が1人以上いる人の割合は「51〜60歳」層で2割を超えています。さらに、「現在介護が必要な状態である」親がいる人と「近々介護が必要となる可能性がある」親がいる人を合計した割合は、「46〜60歳」でほぼ2人に1人という実態になっています。このように、親の介護は身近で深刻な問題となっています。

　少子化による労働人口の減少に加えて、「介護離職」による労働人口の減少も問題です。企業においては、中堅以上の役職員の離職は損失であり、介護と仕事の両立を助ける制度の充実も社会的に求められるようになりました。

　「介護離職」あるいは「介護転職」を余儀なくされた場合、介護による時間拘束、精神的な負担、そして収入の減少は、介護する人の生活やその人の老後の生活設計にも大きく影響します。また、教育費負担が続いている場合には子どもの教育への影響も心配されます。

　親を介護した経験のある全国の正社員2,268名を対象に、親の介護にあたり、働き方の変化を4つに分類して、その実態を調査しました〔図表1〕。

　以下、Q34〜Q37の本文中では、この4つの分類で説明します。

(注1) 政府は、重度な要介護状態になっても住み慣れた地域で自分らしい暮らしを人生の最期まで続けることができるように、医療・介護・予防・住まい・生活支援サービスなどを要介護者などに地域をあげて包括的な支援を行うシステムの構築に取り組んでいます。これを「地域包括ケアシステム」といいます（Q22参照）。
(注2) 総務省「平成24年就業構造基本調査」
(注3) ダイヤ高齢社会研究財団「超高齢社会における従業員の働き方と企業の対応に関する調査」

● 図表1

介護前の働き方	介護中の働き方の変化	本書での呼び方
正社員	働き方に変化なし（同じ勤務先で同じ働き方）	「継続就労(者)」
	同じ勤務先で働き方を変更 (総合職から一般職や地域限定職に変更、フルタイムからパートに変更等)	「働き方変更(者)」
	勤務先をやめて転職	「転職(者)」
	勤務先をやめて介護に専念	「介護専念(者)」

介護による離職・転職のきっかけ

① 自分以外に親を介護する人がいない!?

　介護離職のきっかけについて、転職者の場合、「自分以外に親を介護する人がいない」の回答が最多で、男性22.6％、女性20.6％でした。

　介護専念者の場合も同様に、「自分以外に親を介護する人がいない」の回答が最多で、男性26.0％、女性21.3％でした〔図表２〕。

　兄弟姉妹数の減少や未婚化により、介護の担い手が減少し、介護の担い手が「自分しかいない」状況になる人が今後さらに増加していくことが予測されます。

② 女性の５人に１人は「自分で親の介護をしたかった」

　仕事をやめて介護に専念した女性について特徴的なのは、「自分で親の介護をしたかった」（20.6％）が高い割合だったことです。これは、男性（12.1％）を２倍近く上回っています。

　一方、転職者では、「自分で親の介護をしたかった」は、男性9.0％、女性11.0％とほぼ同じ割合でした。

　介護専念を選んだ女性の５人に１人は、やむをえずではなく、親の介護を自分自身がするために進んで決断したことがわかります〔図表２〕。

③ 仕事と介護の両立に精神的限界!?

　転職した女性については、13.5％もの女性が「仕事と介護の両立に精神的限界を感じた」と回答している点も特徴的です。同様に「これ以上会社にいると迷惑がかかると思った」（9.7％）、「職場で仕事と介護の両立に理解が得られなかった」（9.7％）と、職場で感じた精神的苦労が転職のきっかけとなるケースが目立っています〔図表２〕。

仕事と介護の両立の実態

介護編

■ 図表2　介護離職の直接のきっかけ

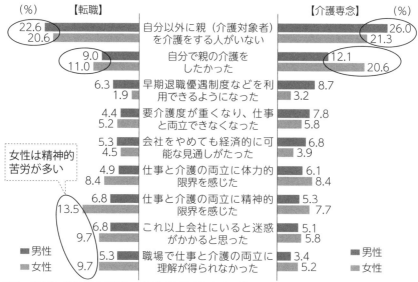

出典：明治安田生活福祉研究所・ダイヤ高齢社会研究財団「仕事と介護の両立と介護離職に関する調査」

介護転職の厳しい現実
── 平均年収が男性で4割減、女性で5割減

① 正社員に転職できたのは、男性は3人に1人、女性は5人に1人

　介護のために正社員から転職した人のうち、転職先でも正社員として働いている人は、男性は3人に1人、女性は5人に1人にすぎないことがわかりました。

　転職者のうち男性の3割弱、女性の6割近くがパート・アルバイトとして働いていますが、このなかには介護と両立できる労働条件を優先した結果、正社員をあきらめた人も含まれると考えられます〔図表3〕。

169

■ 図表3　介護転職後の働き方

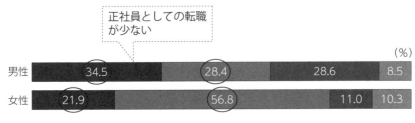

出典：明治安田生活福祉研究所・ダイヤ高齢社会研究財団「仕事と介護の両立と介護離職に関する調査」

② 転職後の平均年収が、男性で4割、女性で5割ダウン

　転職前後の年収を比較すると、男性は転職前の平均が556.6万円なのに対し、転職後は341.9万円と約4割ダウンしています。女性は転職前の350.2万円が転職後は175.2万円と半減しています〔図表4〕。

■ 図表4　介護転職者の年収の変化（介護開始前と転職直後）

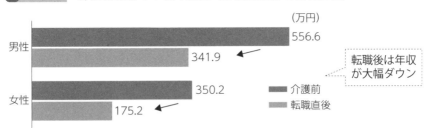

出典：明治安田生活福祉研究所・ダイヤ高齢社会研究財団「仕事と介護の両立と介護離職に関する調査」

仕事と介護の両立の実態

介護編

　わたしたちの2人に1人は、近い将来、親の介護を自分たちで解決しなければならなくなりそうです。

　介護離職・転職の最大のきっかけは、「自分以外に親を介護する人がいないこと」とした回答が男女ともに2割以上と最多でした。

　介護のために転職をした場合、厳しい実態もわかりました。介護のために正社員から転職した人のうち、転職先でも正社員として働いている人は、男性は3人に1人、女性は5人に1人にすぎません。

　転職前後の年収を比較すると、男性で約4割減、女性で半減しています。

　離職や転職を急いで決断することはありません。まずは職場とほかの親族に実情を相談し、介護のための勤務時間の変更や休暇制度の利用について検討し、働く仲間の理解を求め、ほかの親族の協力がどの程度期待できるかをよく見極めましょう。そのうえで、ケアマネジャーと十分に相談して、仕事と介護の両立ができるように、介護サービスをうまく組み合わせた利用計画を作成してもらうことが大切です。

35 介護時間

仕事をしながら親の介護をしている人は、1日どのくらいの時間を介護しているのかしら。
ご近所のお宅では、お母さまが認知症で娘さんが会社をやめて介護に専念し始めたとうかがっているわ。

　介護をする時間は、介護にかかる負担を左右する重要な要素のひとつです。

　要介護者の身体の状態によって介護する時間は異なりますが、介護する時間が多くなると仕事との両立が困難になっていきます。

　一般的に、要介護者の加齢とともに介護をする時間が多くなっていく傾向があります。介護をする人にとっては、時間の経過とともにその負担が増加していきます。

 1日の介護時間は？

　男性の介護専念者が仕事をやめる前の介護時間は、「仕事ありの日」2.6時間、「仕事なしの日」6.2時間と、継続就労者をそれぞれ1.4時間、2.9時間も上回っています。

　女性は男性ほど顕著な差はありませんが、介護専念者は「仕事ありの日」2.2時間、「仕事なしの日」5.6時間と、継続就労者をそれぞれ0.3時間、0.9時間上回っています〔図表1〕。

　継続就労者の介護時間に注目すると、仕事の内容によっても大きく異なることが考えられますが、「仕事ありの日」の2時間、「仕事なしの日」の5時間程度が、介護開始前と同一職場で働き方を変えずに仕事を続けられるボーダーラインになっているようです。

仕事と介護の両立の実態

介護編

● 図表1　継続就労者と介護専念者（離職前）の介護時間

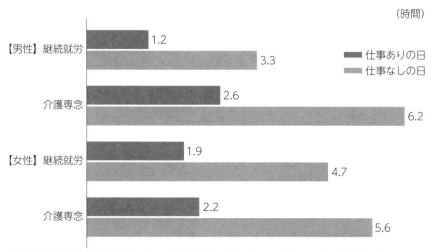

出典：明治安田生活福祉研究所・ダイヤ高齢社会研究財団「仕事と介護の両立と介護離職に関する調査」

　親を介護する場合、男女ともに仕事をやめないで続けるためには、この程度の介護時間をひとつの目安に介護サービスを上手に活用することが大切です。

認知症の介護時間はどれくらい？

　介護時間は、介護の担い手の人数・施設利用の有無・親の身体状況などさまざまな要因により左右されます。特に認知症は手がかかります。

　介護専念者は、親が認知症の場合、男女とも仕事をやめる前には「仕事ありの日」3時間弱、「仕事なしの日」7時間程度介護をしていて、認知症がない場合に比べて、「仕事ありの日」で1時間弱、「仕事なしの日」で1.5時間程度の介護時間の差があります〔図表2〕。

■ 図表2　親の認知症有無別の介護時間（介護専念者の離職前）

		仕事ありの日	仕事なしの日
介護専念男性	認知症あり	②.9時間	⑦.0時間
	認知症なし	2.5	5.5
介護専念女性	認知症あり	②.9	⑥.8
	認知症なし	1.9	5.2

出典：明治安田生活福祉研究所・ダイヤ高齢社会研究財団「仕事と介護の両立と介護離職に関する調査」

　介護の時間の長さは、介護負担の大きさを左右する重要な要素です。

　男女とも、「仕事ありの日」2時間・「仕事なしの日」5時間程度が、介護開始前と同一職場で働き方を変えずに仕事を続けられるボーダーラインといえるかもしれません。ケアマネジャーと介護サービスの利用計画を作成する際には、これらの介護時間のボーダーラインを意識することが大切です。

　また、要介護者が認知症の場合に、会社をやめて介護に専念した人の離職前の介護時間は、男女とも、「仕事ありの日」3時間・「仕事なしの日」7時間程度で、認知症がない場合に比べて介護時間が長くなっています。

仕事と介護の両立の実態

36 介護離職と年収・預金との関係

わたしはそれなりに収入もあるし、預金もあるほうだと思っています。
介護で仕事をやめる人って、その後の収入もなくなるわけだけど、やめる前の年収や預金はどのような状況だったのですか。

介護離職をすると当然その後の収入がなくなります。

預金などで多額の資産がある人はその後の生活に心配はないでしょうが、現実は厳しい実態にあるようです。

継続就労者と介護専念者の離職前の年収と預金残高を比較してみました。

 男性は年収が高いと仕事をやめない!?

介護を開始した時点の平均年収は、男性の継続就労者は704万円で、介護専念者の離職前の595万円より100万円以上高いことがわかりました〔図表1〕。

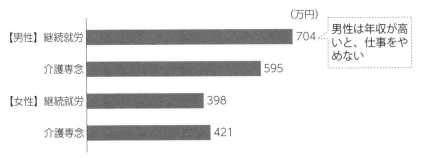

図表1 継続就労者と介護専念者の介護開始時(離職前)の年収

出典:明治安田生活福祉研究所・ダイヤ高齢社会研究財団「仕事と介護の両立と介護離職に関する調査」

男性では、親の介護に際して、収入が多いことが介護離職を思い止まらせる要因になっているのでしょう。共働き世帯で、収入の多い夫が仕事を続け、妻が仕事をやめて介護をするというケースもあります。
　一方、女性では、このような傾向は認められませんでした。

 預金が多いと仕事をやめやすい!?

　介護を開始した時点の世帯預金残高の平均額は、男性では継続就労者が971万円に対し、介護専念者は1,245万円、また女性では継続就労者970万円、介護専念者1,295万円でした〔図表2〕。

図表2　継続就労者と介護専念者の介護開始時（離職前）の預金残高（世帯）

（万円）

【男性】継続就労　971
　　　　介護専念　1,245　← 介護専念者は離職前の貯蓄が多い
【女性】継続就労　970
　　　　介護専念　1,295

出典：明治安田生活福祉研究所・ダイヤ高齢社会研究財団「仕事と介護の両立と介護離職に関する調査」

　男女とも、介護専念者が継続就労者を300万円程度上回っています。
　手もとに貯蓄が一定程度あることが、介護離職を選択する要因になっていることが考えられます。

仕事と介護の両立の実態

介護編

　介護する人の状況により、介護費用や介護期間も大きく変わります。

　継続就労者と介護専念者の介護を開始した時点の平均年収額を比較すると、男性では継続就労者が介護専念者より100万円以上高く、また、介護を開始した時点の世帯の預金残高の平均額の比較では、男女とも介護専念者が継続就労者を300万円程度上回っていました。

　いったん介護に専念した場合には、ブランクがあるだけに復職に際しての収入などの条件はよりいっそう厳しいものになることが想像されます。

37 近居のススメ、介護の担い手

父が軽い脳梗塞を発症して入院中。日常生活にも支障が残るみたいで介護が始まるのかな。
今は母任せでもいいけど、母だっていい歳だし、かなり疲れている様子なので母まで倒れちゃったらどうしよう。
仕事と2人の介護の両立なんかむずかしいし、収入も心配。

　近年、高齢の親と同居している独身者が増加しています。65歳以上の高齢者が配偶者のいない子と同居している割合は、いまや4人に1人です（26.8％）^(注)。

　親に介護が必要な状態になった場合、介護負担は同居の独身者に厳しい選択をせまり、生活にも大きな影響が出ます。

　また、親と別居している場合も、介護負担を分担できる兄弟姉妹の有無や親の住まいとの距離によって、仕事を継続できるかどうかが大きく左右されます。

　介護が必要になった親の住まいと介護する人の自宅との距離は、介護離職にどのような影響を与えているのかを見てみます。

（注）　厚生労働省「平成26年国民生活基礎調査」

 同居は介護離職になりやすい？

　介護専念者は男女とも5割以上が「同居・二世帯住宅」で、継続就労者と比較すると男性で16.7ポイント、女性で11.1ポイント高くなっています。親と同居すると、介護に携わる時間も長くなりがちですし、また、施設への入居については、親子ともどもなかなか踏みきれないこともあるのかもしれません。いろいろな事情から、介護を自分で抱え込み、介護離職につながりやすいのではないかと考えられます〔図表1〕。

遠距離介護も介護離職になりやすい？

男性の介護専念者で、親の住まいとの距離が「3時間以上」である割合が16.5％と、継続就労者（8.5％）の2倍となっています〔図表1〕。

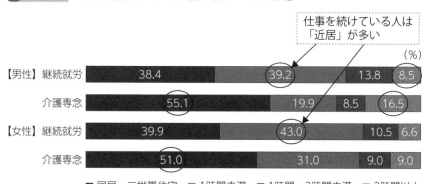

図表1　介護開始時における親の住まいとの距離

仕事を続けている人は「近居」が多い

(%)

【男性】継続就労　38.4　39.2　13.8　8.5
　　　　介護専念　55.1　19.9　8.5　16.5
【女性】継続就労　39.9　43.0　10.5　6.6
　　　　介護専念　51.0　31.0　9.0　9.0

■ 同居・二世帯住宅　■ 1時間未満　■ 1時間〜3時間未満　■ 3時間以上

出典：明治安田生活福祉研究所・ダイヤ高齢社会研究財団「仕事と介護の両立と介護離職に関する調査」

介護が必要となった親と遠く離れて住んでいる場合は、兄弟姉妹に介護を頼んだり、介護施設に入居できる場合や、あるいは、自宅での介護の担い手が確保できる場合には親を呼び寄せるなど、仕事を継続できる可能性が高くなっているようです。継続就労者は、こうした状況にあったと思われます。

一方、介護専念者は、いずれの対応も困難であったため、仕事と介護の両立ができず、仕事をやめて親の家または近くに転居した人も少なくないことでしょう。特に男性の場合は、遠距離介護が離職への引き金のひとつとなっています。

近居のススメ

　介護中心の生活になりがちな「同居」と、時間的・肉体的な負担が大きい「遠居」には、仕事の継続にはそれぞれにむずかしい問題があるようです。

　継続就労者では、「1時間未満」の「近居」が男女とも4割前後を占めて最多であることから、近接な住まいであることは仕事を継続できる大きな要因と考えられます〔図表1〕。

　また、前述（Q34参照）のように介護専念の女性のうち5人に1人は、親の介護を自分自身ですることを進んで決断していました。このことが女性の場合、「近居」でも介護専念が比較的多い理由として考えられます。

男性が仕事を続けられるのは妻のおかげ

　親の介護の主な担い手を見てみると、継続就労者の男性では、自分が主な介護の担い手であった割合が15％である一方、31.8％が自分の配偶者、さらに、22.3％が親の配偶者でした。このため仕事を継続できた人が多いことがわかります。

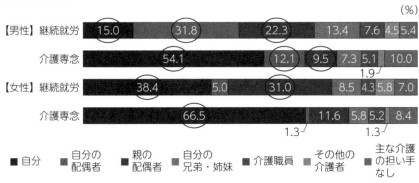

図表2　親の介護の主な担い手（身体介助者）

出典：明治安田生活福祉研究所・ダイヤ高齢社会研究財団「仕事と介護の両立と介護離職に関する調査」

仕事と介護の両立の実態

介護編

　介護専念者の男性では、自分自身が主な担い手になって介護しているケースが54.1％と過半を占めており、自分以外に介護分担ができないことが介護離職の要因となっていることがわかります。

　介護専念者の女性の３人中２人が（66.5％）、自らが主な担い手となって介護をしています。一方、継続就労者の女性の場合は、自分自身が主な担い手となって介護をしている人は38.4％で最多ですが、親の配偶者が主な担い手となっている割合も31.0％を占めています〔図表２〕。

　女性の継続就労者は、男性と比べ、親の配偶者のおかげで仕事を続けることができているケースが多いということがわかります。この場合、将来、親がひとりになったときあるいは介護している親も健康を害した場合、自分に大きな介護負担がかかってくることが心配されます。

　仕事をやめて介護に専念した人の住まい方は、離職決断時、男女とも５割以上が「親と同居または二世帯住宅」でした。

　介護の主な担い手については、介護前の仕事を継続できている女性の場合、自分自身が主な担い手として介護をしている人が４割で最多ですが、親の配偶者に介護を委ねている割合も３割を占めています。

　親の配偶者に介護を依存している場合、いずれ親がひとりになったときには自分が介護の担い手となり、介護負担がかかってくることが心配されます。

38 介護者と要介護者

夫の介護は介護保険サービスを利用しながらわたしが介護するとして、わたしの介護は娘にしてもらおうと思っているの。
みなさんは、将来、家族の介護をどうするか、そして、だれが自分を介護してくれるのかについて、どう考えているのかしら?

　世界有数の長寿国となり毎年平均寿命が延びているなか、だれもが親や配偶者などを介護する立場(「介護者」)となったり、逆に自分が介護される立場(「要介護者」)となる可能性があります。
　介護は、年をとることによって運動能力や生活能力が低下して始まる場合だけではなく、病気や事故がきっかけとなり、突然始まることも約3割あるといわれています。
　知識や情報など何も準備がないまま、突然介護が始まり、あわててしまわないように、夫婦で、そして子どもとも介護が必要となった場合の対応について話し合いをして情報を集めておくことはとても大切です。それにより、将来の介護に備えた資金準備や住まい方などを現実的にしていくことができます。
　もちろん、実際に介護が始まったときに、事前の話し合いで決めた想定どおりの対応ができるとは限りません。しかし、在宅なのか施設なのか、また、認知症となったときの対応など、基本的な考え方などを家族で確認しておくことは大切です。

将来、自分が介護する人って?

　介護経験のない20〜60代の男女に、将来自分が介護すると思う家族・親族をたずねたところ、「(自分の)母親」を介護することになると答えた

介護生活における不安と苦労

介護編

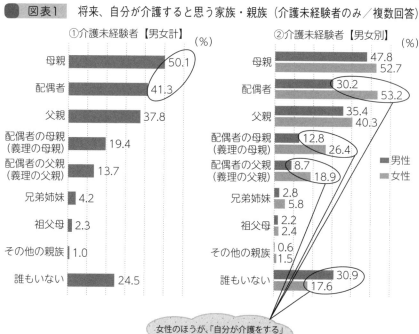

図表1 将来、自分が介護すると思う家族・親族（介護未経験者のみ／複数回答）

出典：明治安田生活福祉研究所「介護の不安に関する調査」

人が約半数（50.1％）、「配偶者」が約4割（41.3％）でした〔図表1①〕。

男女別では、女性の半数以上（53.2％）が夫を介護すると思っているのに対し、男性は妻を介護すると思っている人は約3割（30.2％）にすぎません。

「義理の母親・父親」を介護すると思っている人の割合を見ると、女性は男性の2倍以上になっています。介護することになる人が「誰もいない」と思う人の割合は、女性17.6％に対し男性30.9％で、男性のほうが高くなっています〔図表1②〕。

男女の平均余命の差や女性が家事を主に担っているケースが多いこと、あるいは世帯内の主な収入の担い手が夫であることなどにより、女性のほうが男性よりも「自分が介護をする」ことになると想定していることがわかります。

将来、だれが自分を介護してくれるの？

　将来自分を介護してくれると期待している人についてもたずねてみました。介護経験のある人は、男性の７割近く（65.6％）、女性も約半数（45.8％）が「配偶者」を考えています。また、男性の場合、「娘」（25.3％）と「息子」（22.7％）に大きな違いはありませんでした。一方、女性の場合は「娘」（35.6％）が「息子」（20.2％）を大きく引き離しており、娘を頼りにしていることがはっきりとわかります。

　介護の経験の有無別では、介護経験のある人のほうが、自分を介護してくれる人について特定の人を想定している割合が高く、介護を経験することで将来を現実的に考えていることがうかがえます。

■図表2　将来、自分を介護すると思う家族・親族（複数回答）

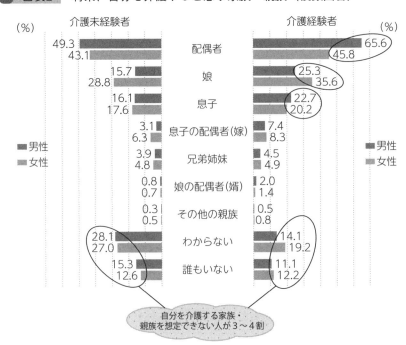

出典：明治安田生活福祉研究所「介護の不安に関する調査」

介護生活における不安と苦労

介護編

　また、将来、自分を介護してくれる人を想定できない人は3〜4割を占めており、将来への大きな不安となっています〔図表2〕。

 自分を介護してくれる人がいない!?

　将来、家族介護を期待できない場合、介護保険を活用する必要がいっそう高まると予測されます。

　しかし、この「家族介護を期待できない人」に対し、介護保険サービスの利用手続きを知っているかどうかをたずねたところ、20〜60代までの7割（70.8％）、60代に限っても半数以上（55.1％）が「ほとんど・まったく知らない」または「あまり知らない」と回答しました〔図表3〕。

　将来の介護に備え、介護保険を理解し、必要な準備を進めることが求められています。

**図表3　公的介護保険サービスの利用手続きを知っているか
（家族介護を期待できない人）**

(％)

20〜60代	6.6	22.6	26.5	44.3
うち60代	9.6	35.3	31.7	23.4

■よく知っている　■まあまあ知っている　■あまり知らない　■ほとんど・まったく知らない

出典：明治安田生活福祉研究所「介護の不安に関する調査」

　自分がだれを介護するのか、だれが自分を介護してくれるのか、家庭の事情によりますが、将来に向けて家族で話し合うことはその準備を進めることにもつながり、とても大切です。

　将来、自分を介護してくれる人を想定できない人は、介護保険の理解を深めるなど、しっかりした備えを考えてください。

Q&A 介護編 39 介護の不安

最近、認知症の人が増えているとテレビや週刊誌でよくいわれているので、自分も認知症になって介護を受けるのではないかと心配です。
介護が必要になってしまった場合、その費用についても不安を感じます。
みなさんは、介護についてどのような不安をお持ちなのかしら？

　将来の介護を想定した場合、自分が「介護する」場合と、自分が「介護される」場合の両面での不安が考えられます。介護する相手がだれなのか、介護してくれる人はだれなのか、介護費用の負担、介護の場所、介護期間、介護による精神的・身体的な負担、兄弟姉妹などとの負担の分担、あるいは認知症になる場合など、不安の種はつきません。
　何よりも、介護はいつ始まり、いつ終わるかわからないため、その準備が十分にできないことが不安をいっそう強くしています。いつか来る「介護」に向けて、不安を抱えつつも、その準備をしていかなければなりません。
　大事なのは、自分がどのようなことを不安に思っているかを知ることです。そうすれば、その不安を解消するための行動や準備ができます。
　まずは情報を集め、考えることです。

将来、介護する場合の不安は？

　「介護すること」については、総じて男性より女性のほうが、より大きな不安を持っています。最も高かった不安は、男女とも「経済的負担」で、特に女性では半数を超える人が大きな不安を感じています。

介護生活における不安と苦労

介護編

次いで不安を感じる割合が高かったのは、男性では「介護についてわからない点」でしたが、女性では「自分の精神的負担」「自分の身体的負担」でした。女性は家族介護の担い手として、自分の負担の重さについて強く不安を感じています〔図表1〕。

● 図表1　将来、自分が介護する場合の不安の要素と大きさ（介護未経験者のみ）

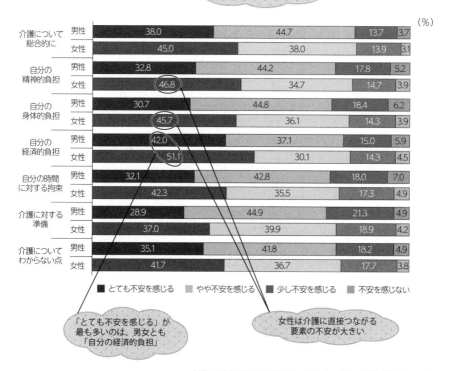

出典：明治安田生活福祉研究所「介護の不安に関する調査」

将来、介護する場合の不安って、具体的になに？

将来、自分が介護する場合の具体的な不安内容について、男女とも最も多かった回答が「介護費用」、次いで「介護する相手の認知症・物忘れ」でした。

図表2　将来、自分が介護する場合の具体的な不安の内容
（介護未経験者のみ／複数回答）

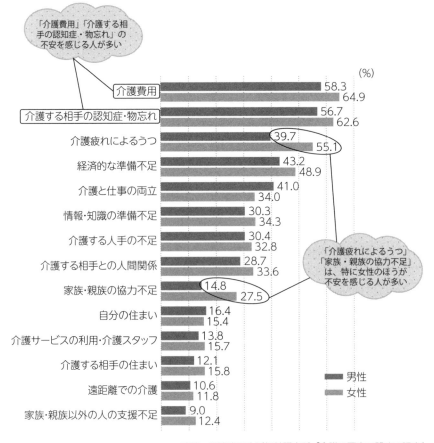

出典：明治安田生活福祉研究所「介護の不安に関する調査」

多くの項目で女性のほうが不安が高くなっており、特に「介護疲れによるうつ」と「家族・親族の協力不足」の２項目では男女差が大きくなっています〔図表２〕。

女性は、介護を担うことになった場合に、自分が精神的にまいってしまう不安や、家族などからの協力なしに自分だけで介護をしなければならないという不安が強いことがうかがえます。

 将来、介護される場合の不安は？

将来、自分が「介護される」場合についての不安も、介護経験を問わず、女性のほうがより大きな不安を感じています。

これは、女性は男性より平均寿命が長く、その分自分が介護を受ける可能性が高いこと、また介護の担い手として配偶者を期待できないことが原因であると考えられます〔図表３〕。

介護未経験者と介護経験者を比較すると、男女とも介護経験者のほうが不安を感じる割合が少ない結果となりました。介護経験により、自分が将来介護を受ける場合の現実的な想定ができるからだと思われます。

「介護する家族・親族の経済的負担」「自分の経済的負担」について、介護経験の有無による比較では、男性ではあまり差がないのに対し、女性では介護経験者のほうが不安を感じる割合は少なくなっています。

一般的に女性が家計を把握している傾向が強く、介護を経験して実際にかかる費用がわかったことで、経済的負担に対する不安が減るのではないかと考えられます。

● 図表3　将来、自分が介護される場合の不安の要素と大きさ

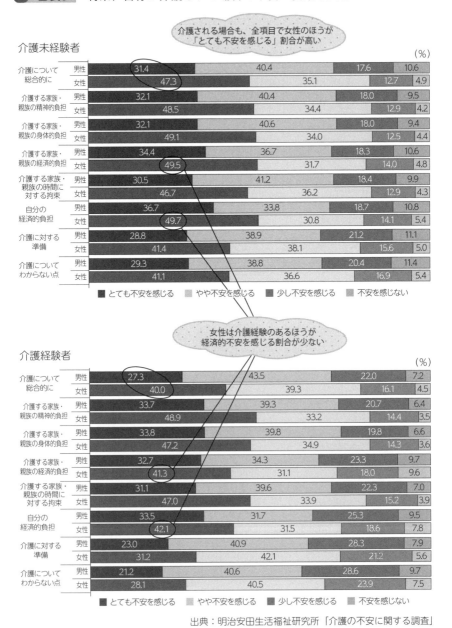

出典：明治安田生活福祉研究所「介護の不安に関する調査」

介護生活における不安と苦労

介護編

● 図表4　将来、自分が介護される場合の具体的な不安の内容（複数回答）

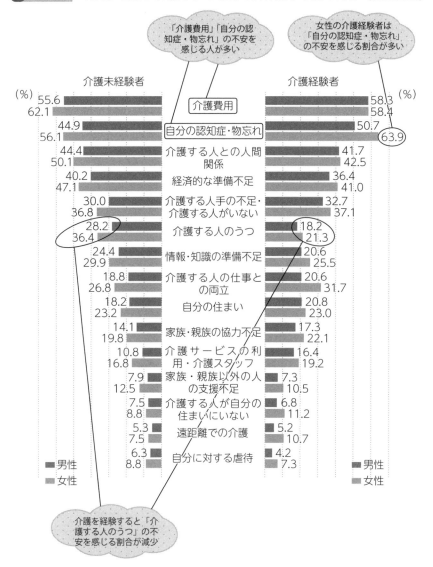

出典：明治安田生活福祉研究所「介護の不安に関する調査」

将来、自分が介護される場合の具体的な不安の内容

　将来、自分が「介護される」場合の不安については、男女とも「介護費用」「自分の認知症・物忘れ」が強くなっています。

　全項目で女性の不安の割合が高く、最も男女差が大きいのは「自分の認知症・物忘れ」です。介護経験のある女性で不安のトップになっています。自身の介護経験から、将来、自分に「認知症・物忘れ」が起きるのではないかと心配されている女性が多いことがうかがえます。

　一方、「介護する人のうつ」は、男女とも介護未経験者より介護経験者の不安の割合が低く、男女差も少なくなっています。介護を経験すると、自身が介護を乗り切ったことで「介護うつ」に対する不安が低くなるようです〔図表４〕。

　将来の介護に関しては、介護する場合、介護される場合ともに、経済的負担、介護費用や認知症・物忘れについての不安が大きいです。

　全般的に、男性よりも女性に不安が強い傾向があります。

　介護を経験することで不安が小さくなっていることもあります。

　介護への理解を進め、不安に応じた準備をしていく必要があります。

介護生活における不安と苦労

 **40** 介護費用への備え

将来の介護のために、どのような経済的準備が必要なのかしら？
老後の生活のために、コツコツと預金しているけど、介護が必要となると足りないのではないかと心配だわ。
みなさんは、どんな準備をされているのかしら？

 介護費用への備えが大切！

　介護がいつ始まりいつ終わるのかがわからないこと、身体の状況によって費用がいくらかかるかわからないこと、また、家族が具体的にどの程度まで介護の担い手となるのかなどが、あらかじめわからないことから必要資金額の計算が困難で介護のための経済的準備はむずかしくなっています。

　介護保険では、保険が適用されるサービス費用の原則１割を利用者が負担するわけですが、本人の収入によっては負担は２割になりますし、将来的にこの負担割合が引き上げられることも予測されます。

　また、介護保険でまかなえない「上乗せサービス」や「横出しサービス」の費用は全額自己負担となります。

　老後の生活資金と介護費用を分離して準備することは現実的ではありません。

　親を「介護する」場合を想定するなら、親の介護費用は親の家計から必要な支出を行うことが一般的でしょう。したがって、親の資産状況を確認しておく必要があります。介護は、脳梗塞などにより突然始まることもあります。年金額や金融機関の残高など資金引出しに必要な事項は確認しておきましょう。

また、親の資産・年金・収入の状況によって、介護保険サービスの利用程度（介護費用）や入居施設などの介護場所の選択について、介護をする人の配偶者や兄弟姉妹などとも相談したうえで考える必要があります。

　親の資産・年金・収入を上回る介護費用がかかるならば、その負担割合についても相談する必要があるでしょう。

　自分が「介護される」場合を想定するなら、相当の資産があれば多様なサービスを利用することも可能でしょうし、高額な有料老人ホームへの入居も可能でしょう。

　一般的には、介護費用をあらかじめ見積ることはむずかしいので、老後資金と合わせてできる限りの積立を行うしかありません。

　預貯金のみならず、老後資金の積立のための民間の年金保険や要介護になったときに備える民間の介護保険に加入することも有効です（民間介護保険についてはQ32、Q33を参照）。

半数以上の人は介護費用を準備していない!?

　「介護のための経済的準備をしているか」については、介護をする場合・される場合ともに、半数以上の人が介護のための経済的準備をしていない現状が浮き彫りになっています。

　準備している人の場合、預貯金での準備が最多でした。老後生活資金のみならずほかの目的にも使えること、介護目的のためだけの積立を行う余裕がない、介護費用の実態があまり知られていないことなどから、預貯金で準備する人が多いと思われます。

　預貯金はさまざまな用途に使える反面、預貯金だけで介護の経済的準備をすることは、介護が長期化した場合に資金が不足するリスクがあります。自分が介護される場合を想定すると、介護が長期化した場合にも対応できるよう、一生涯の終身保障の民間介護保険や個人年金保険等で経済的準備をすることが望ましいといえます。

介護生活における不安と苦労

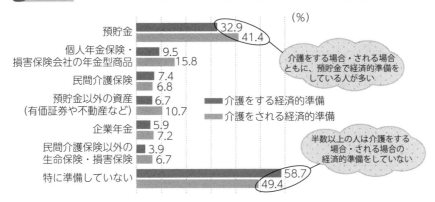

図表1 介護をする場合・される場合の経済的準備手段（複数回答）

- 預貯金: 32.9 / 41.4
- 個人年金保険・損害保険会社の年金型商品: 9.5 / 15.8
- 民間介護保険: 7.4 / 6.8
- 預貯金以外の資産（有価証券や不動産など）: 6.7 / 10.7
- 企業年金: 5.9 / 7.2
- 民間介護保険以外の生命保険・損害保険: 3.9 / 6.7
- 特に準備していない: 58.7 / 49.4

■ 介護をする経済的準備
■ 介護をされる経済的準備

介護をする場合・される場合ともに、預貯金で経済的準備をしている人が多い

半数以上の人は介護をする場合・される場合の経済的準備をしていない

出典：明治安田生活福祉研究所「介護の不安に関する調査」

A　介護のための必要資金をあらかじめ見積ることや老後生活資金と分離して経済的準備を行うのはむずかしいことです。できる限り積立をして備えるしかありませんが、介護が長期化した場合の資金不足リスクに備えて、終身保障の民間介護保険や個人年金保険による準備も検討してみてください。

41 家族・親族との話し合いは大切

将来介護が必要になったときのことを息子や娘と相談しておくべきなのかしら？息子は離れた地域で家族を持ち、子どももいるし、介護で頼りにできないと思っています。近くに住む娘は、きっと介護してくれると思うけど…。
みなさんは、お子さんたちと介護についてどのくらい話をしているのかしら？

　介護はいつ始まるかわからないのですから、なるべく早めに家族で相談しておくことはとても大切です。介護をすることになったら仕事を続けることがむずかしくなる可能性もあります。だれが介護するのかをあらかじめ想定し、心づもりしておくことも必要です。
　実際、介護が始まったときには状況が変わっているかもしれませんが、事前に親や子どもも含めた家族で話し合っておきましょう。
　子どもたちも、突然の介護に直面するとあわててしまい、兄弟姉妹間でいさかいが生じる可能性もあります。前もって介護の知識を身につけて、自分たちの課題を整理しておくことが大切です。
　また、親も、「きっと介護してくれる」と思っているだけでは、子どもたちにその思いは届いていないことも十分に考えられます。夫婦で基本的な対応について相談したうえで、自分たちでできる期間のことと、子どもたちの力を借りなければならない期間のことを具体的に想定し、「親の思い」を子どもたちに話しておくことが大切です。
　その際、介護費用についても、おおよそのことを話して、万一のときのために金融機関の手続きなどで必要なことは書き留めておいてください。
　また、施設入居についての考え方も子どもたちに伝えておく必要があります。

介護生活における不安と苦労

介護編

　近隣あるいは親戚との関係から、子どもたちが親を施設に入居させることをためらうこともありますので、子どもたちのためにも自分の意思を明確にしておくことは大切です。

　現状では、介護する場合、介護される場合についても、それに備えた家族・親族との話し合いがあまりされていないようです〔図表1〕。

● 図表1　介護をする場合・される場合に備えた家族・親族との話し合いの頻度

(%)

	よく話し合っている	まあまあ話し合っている	あまり話し合っていない	ほとんど・まったく話し合っていない	話し合う家族・親族がいない
介護する場合に備えて	9.8	30.4	58.0	1.9	
介護される場合に備えて	10.3	24.1	53.2	1.8	10.7

出典：明治安田生活福祉研究所「介護の不安に関する調査」

　自分たちもいつかは必ず老い、介護について家族など周囲の人に協力を求めるときを迎えます。

　そのときに備え、親子で必要な知識をそれぞれ学んでおくことが大事です。

　親としては、今後年齢を重ねるにしたがい、子どもに協力を求めたいことや知っておいてほしいことを整理して伝えておく必要があります。

　一方、子どもは、「親の思い」を理解し、将来の介護等について親と事前によく話し合っておくことが大切です。

編者・執筆者紹介

明治安田生活福祉研究所

明治安田生活福祉研究所は、明治安田生命グループのシンクタンクです。
年金、介護、医療などの社会保障分野を中心に、少子高齢化やライフスタイルについて幅広い調査研究をしています。
また、世の中の動きを捉えたアンケート調査を継続して実施しており、『結婚・出産に関するアンケート調査』や『仕事と介護の両立と介護離職に関する調査』などの調査結果は、「厚生労働白書」に掲載されたり、頻繁にマスメディアに取り上げられています。
このほか、介護やライフプランについてのセミナーも実施しています。
【調査内容などについて詳しくはホームページをご覧ください】
URL：http://www.myilw.co.jp/

高田 寛（たかだ ひろし）
生活設計研究部　部長（2015年4月～）

笹木 恭平（ささき きょうへい）
生活設計研究部　研究員

森 義博（もり よしひろ）
生活設計研究部　部長（～2015年3月）

瀬在 臨也（せざい りんや）
生活設計研究部　研究員

力石 啓史（ちからいし ひろし）
生活設計研究部　主任研究員

渡辺 直紀（わたなべ なおき）
生活設計研究部　研究員

鈴木 政司（すずき まさし）
生活設計研究部　主任研究員

小田 葉子（おだ ようこ）
生活設計研究部

横田 直喜（よこた なおき）
生活設計研究部　主任研究員

※所属・役職は執筆当時のものです。

まだ早い!? いまから始めよう
セカンドライフお悩み相談室
――家族や友人、みんなで老後を考える41のヒント

平成27年12月17日　第1刷発行

編　者　明治安田生活福祉研究所
発行者　加　藤　一　浩
発行所　株式会社きんざい
〒160-8520　東京都新宿区南元町19
電話　03-3358-0016（編集）
　　　03-3358-2891（販売）
URL　http://www.kinzai.jp/

ブックデザイン　齋藤　美智子
イラスト　　　　大迫　緑
DTP　　　　　　タクトシステム株式会社
印刷　　三松堂株式会社　　ISBN978-4-322-12857-4

・本書の全部または一部の複写、複製、転訳載および磁気または光記録媒体、コンピュータネットワーク上等への入力等は、特別の場合を除き、著作者、出版社の権利侵害となります。
・落丁、乱丁はお取換えします。定価はカバーに表示してあります。